町を住みこなす

——超高齢社会の居場所づくり

大月敏雄
Toshio Otsuki

Eurus
Notus
Boreas
Zephyrus

岩波新書
1671

はじめに

住み熟す

「住み熟す」と書いて、「すみこなす」と読むそうだ。この言葉は私にとっては少しばかり因縁の深い言葉である。なぜなら、私が一九九一年に書いた卒業論文のタイトルが「同潤会猿江アパートの住みこなされ方に関する研究」であったからだ。

「住みこなされ方」という言い回しは、なかなかこなれていない感じは否めないが、一つの家族が、戦前に建設された狭いアパートにどのように住み続けることができたのか、その理由を探ることが目的であった。その結果、住まい手たちが住宅やアパート全体といった住まいの器を、あたかも道具を使いこなすような仕方で巧みに住んでいたのを目の当たりにして、なんだか「住みこなす」という行為の価値を発見したような気分になっていたのである。

この研究対象は、一九二三年の関東大震災後に、義援金をもとに設立された財団法人同潤会によって復興住宅として建設された「住利《すみとし》アパート」で、猿江裏町共同住宅と東町アパートが戦後居住者に払い下げられたのち、一つのアパート団地として運営されてきたものである。

卒業論文は、アパートが建設された一九二七年から九〇年までの六三年間をたどり、戦災の焼け跡から、戦後ベビーブームや高度経済成長を経て、居住者たちがどのようにこのアパートに住み続けてきたかを調べたものである。

この中で、非常に印象深い事例に遭遇した。

その一例を示したのが左図である。この下の方の図をよく見てみると、この住宅が基本的に三つの部分に分けられることがわかる。一つ目が、左側の「弟の部屋」「ピアノの部屋」「車庫」の三室からなる部分。二つ目が、右側の「茶の間」「おばあちゃんの部屋」「おにいちゃんの部屋」の三室からなる部分。そして三つ目が、その上側の左右に伸びた細長い台所や便所のある部分。ちなみに図面の下側は道路に面している。

じつは建設当初、この住宅は上の図のように二戸の住宅に分かれていた。二戸とも間取りは同じで、道路側が店舗部分の土間。その奥に六畳の和室。さらに奥に便所、台所、二畳の部屋となっていた。一九四五年の東京大空襲でまる焼けとなったこのアパートに移り住んだ家族はまず、この右側の住宅に居を構えた。そしてほどなくこの左側のお宅が引越して出ていったのを機に、孫がどんどん大きくなるので、そのお隣の住戸を買い取り、裏側に台所と便所を兼ね

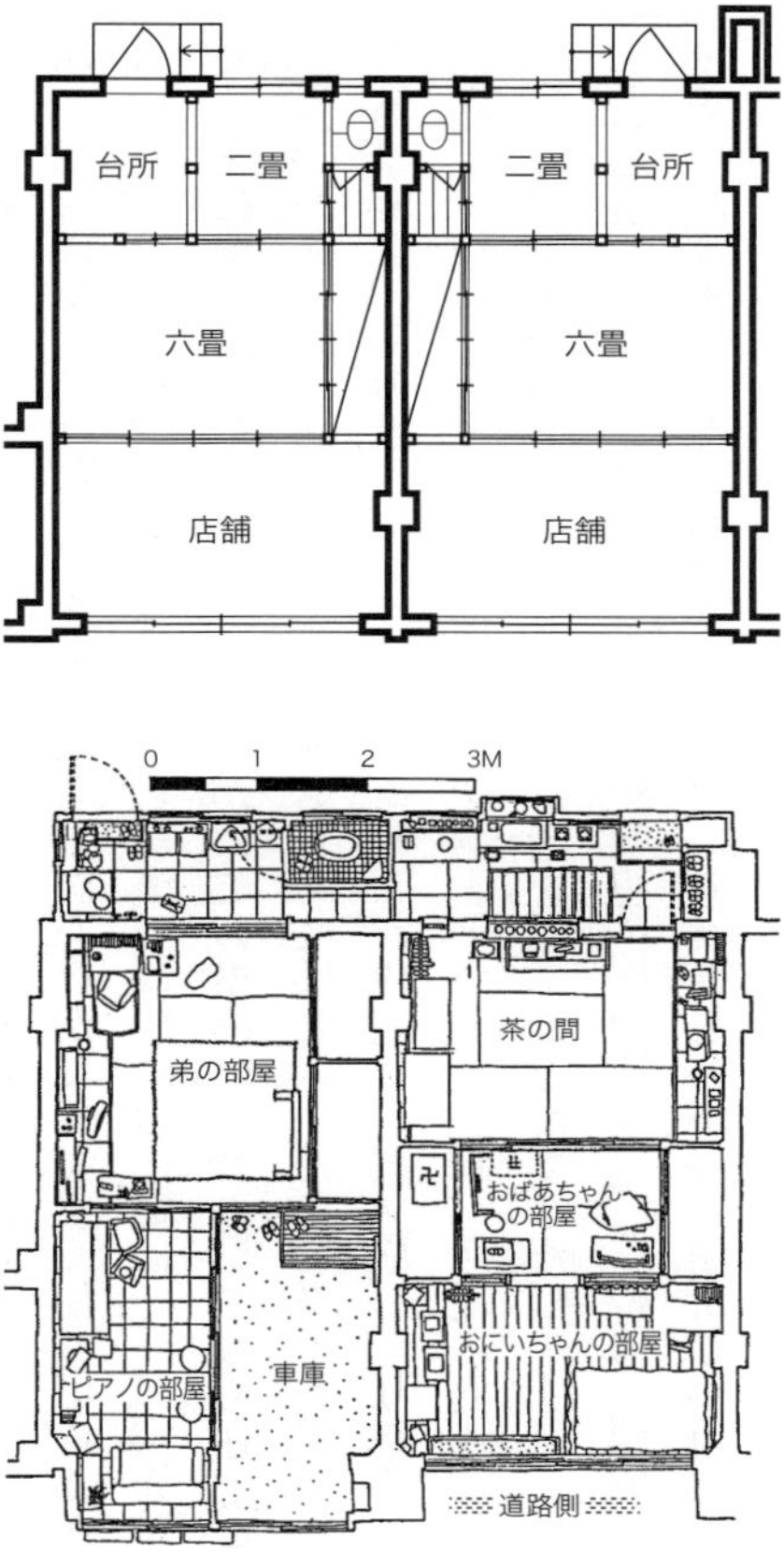

増築によって隣り合う２つの住戸をつないだ例

た細長い空間を増築し、左右の住戸をつないだのである。こうして、家族五人が暮らす住宅が完成したのである。

居住者からこの住まい方を伺っていたときに、建築を考える際には、新しいものをどのようにつくるかばかりではなく、すでにある空間をいかに要領よく使っていくかが重要なのだなと気づいたのであった。そしてまた通常、建築では一つの住宅に一つの家族が住むように設計されることに誰も疑いをはさんでいないが、この事例のように、二つの住宅を一つの家族で住むことだってあるのだということに、あらためて感じ入ったのであった。

先の事例は、孫の成長に伴って手狭になった住宅を、買い増したり増築したりしながら空間を増やしていった例であったが、同じアパートでもう一軒、今度は異なる種類の住戸の使い方によって、居住空間を増やしていったお話を聞くことができた。

このお宅(次頁図)は片廊下をもつ二階の角部屋の住戸で、この角の部屋にお話を伺いに行った当初、おばあちゃん、お母さん、娘さんの女性三人が寝る場所しか用意されていなかったので、てっきりここは三人家族だと思って話を聞いていた。ところが、話が進んでくると、どうやら息子さんがいるらしいことがわかってきた。

二軒隣の「部屋」に、息子さんが住んでいるというのだ。息子さんは最初、角部屋の方に住

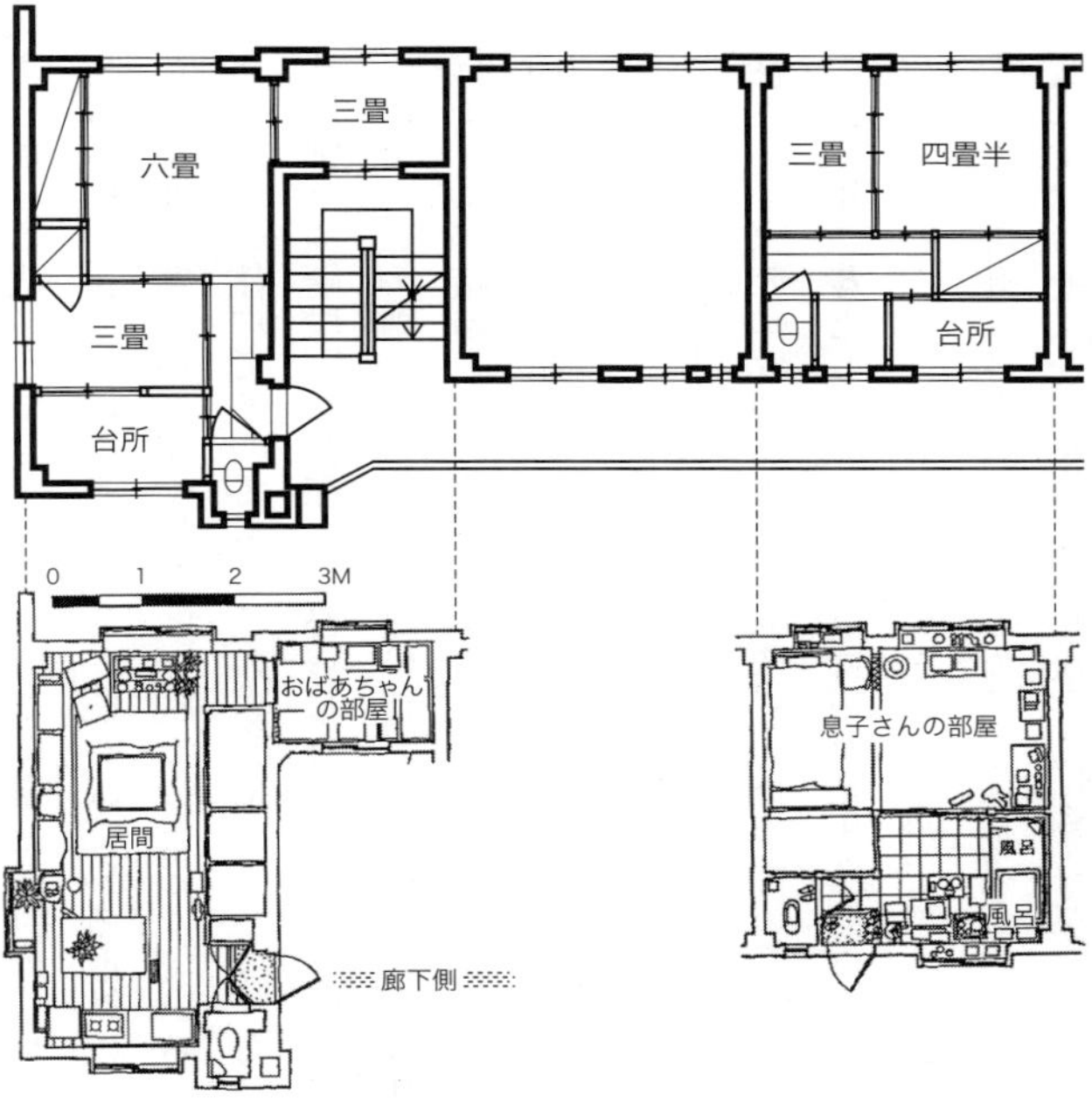

アパート内に「離れ」をもつ例

んでいたのだが、年頃となって一人暮らしをしたくなったということで、この「離れの部屋」に、間借りして住んでいるという。「部屋」とはいっても、もともと建設当初は、一家族用の住戸であった。

もともとこのアパートには内風呂が付いていなかったため、銭湯通いが当たり前だった。だが、ライフスタイルが変化し、アパートの多くの人が増築したり改築したりして内風呂を設置していった。息子さんをこの「離れ」で一人暮らしさせる決意ができたのは、ここに風呂が付けられていたからであった。一方で、この離れには台所が付いてはいるものの、使われている形跡は見られなかった。聞いてみると、息子さんは女性たちの角部屋で朝ご飯と晩ご飯をとっているとのことだった。つまり、見かけは独立した二つの住戸であっても、この家族にとっては、ちょっと広めの住宅の中に、少しばかりの共用廊下や階段室が存在する暮らしを営んでいるに過ぎないということが見てとれた。

しかも、この離れは賃貸であるので、この住まい方は解消しようと思えば容易にできる。もし息子さんが結婚したら、そのままこの離れで独立した生活をはじめられるかもしれない。あるいは、娘さんが私も自分の部屋がほしいと言えば、今度は借り足すこともできなくはないだろう。

こうして、家族とその生活の器である住戸が、必ずしも一対一の固定的な関係ではなく、時の移ろいや家族構成の変化に柔軟に対応できているということに気づかされたのである。研究者生活の第一歩として、このような事例に出会えたことは幸せであった。以来、常識や固定観念にとらわれない住まい方をずっと追いかけてきた。

暮らしの変化に柔軟に対応しながら、家族と住まいの関係を時間をかけて刻々と構築しなおしていくプロセスを、卒業論文では、「住みこなし」という言葉に託してみた。だから最近になって、「住みこなし」を漢字変換すると、「住み熟し」と出ることに気づいたときには、かなりうれしかった。「こなす」を漢字にすると「熟す」なのだ。これは、人間にとって必要な道具を時間をかけて使い込み、人間と道具の関係が成熟し、多少の揺さぶりでも動じない、シンクロした関係を構築するプロセスを表現するのにぴったりだ。

本書の冒頭でこの二事例を紹介したのは、最初の二住戸を増築でつなぐ例は、住まいを住みこなす事例そのものであり、次の離れをもつ例は、住まいというよりは、アパートという住まいを取り巻く環境、つまり町を住みこなす事例といえるからである。同じ「住みこなす」でも、「住まいの住みこなし」と、「町の住みこなし」というのがありそうである。仮にこの離れが、同じ団地の隣の号棟にあったらどうだろうか。はたまた、アパートの隣の木造二階建てのアパートに、息子さんが部屋を借りていたらどうだろう。そうなれば、それはおそらく、「町を住みこなす」ことにつながっていくのではないだろうか。

「街」と「まち」と「町」

「まちづくり」という言葉がある。住まいや住まい以外の建物群や、道路、緑地、公園、調整池などのオープンスペースといった人間の居住環境をソフト／ハードともによくしていこうという取り組みに使われる。ところが、「まち」の表記の仕方には大きく「街」「まち」「町」の三種類があり、それぞれ異なるニュアンスで使われている。

「街づくり」は主として、建設系の行政用語と関連して用いられることが多い。いわば「官」が責任をもって主導するタイプの地域形成だ。特に、土木事業系のまちづくりによく使われる。きっちりと立派なインフラ(社会基盤)が行き届き、地域の骨格がしっかりしていて、ちょっとやそっと変な建物が建っても、地域全体の仕組みや景観にはゆるぎがない、そんな地域の形成のされ方を志向しているような言葉として使われることが多いと思う。

一方で、「まちづくり」は、「民」の立場、中でも、ただ漫然と消費者として日常生活を送っているのではなく、意識的に、能動的にまちの課題を発見し、解いていく立場の人びとによって使われることが多い。この言葉は一九七〇年代に巻き起こった、公害問題や日照権問題等々の日本の地域づくりの民主化運動が展開した際に一般化したのではないか。

官製の「街づくり」でもなく、それまでの普通の「町づくり」でもなく、第三の道としての市民運動が、「まちづくり」として意識化されたのであろう。この言葉はやがて、行政用語としても採用され、現在では「まちづくり課」といった看板を、役場の中でも見かけるようになった。

もちろん、「街づくり」と「まちづくり」の表記法を意図的に使い分けている場合もあれば、ただ単に漢字変換の際に出てきたままに使っている場合もあるだろう。

ところが、「町づくり」を意図的に使っている場合はあまりないのではないか。この「町」はおそらく、公的建設行為を通して実現すべき「街」でもなく、民主的にボトムアップ的につくっていく「まち」でもなく、ただあるがままの「町」を意味すると、漠然と考えられているからではないか。もちろん、語源的には地域を一町《いっちょう》(約一〇〇メートル四方程度)ごとに区切って、都市の中の一つの単位として町をつくっていく建設行為的な意味がこの漢字には込められているのだが、現在ではどちらかというと「街」の方が、建設行為的な意味合いが強いのではないかと思う。

一般に、町というのは、山奥の農村にありがちな、低密度の居住環境とは対比的に、住宅の集まる密度がやや高めで、住宅以外の、例えば店や事務所や工場などが少し混じった場所を指すのではないか。いわゆる「町場《まちば》」のことである。それ以上でもなければそれ以下でもない。

目指すべきある状態に向かって、官や民が意識的に歩を進める「街づくり」や「まちづくり」というよりは、いつの間にか町が自然と出来上がっているような、そんな「町づくり」、普通の町をつくるための「町づくり」のほうが、本書にはふさわしい気がしたので、書名に

「町」という字を使っているわけである。

田舎町の多様性

ところで、私の故郷は福岡県八女《やめ》市という、福岡県の田舎町《いなかまち》である。田舎町は、「田舎街」とも「田舎まち」ともあまり表記されることがない。そんなところにも、町という字のもっている、普通に混ざった感じが出ているのではないかと思う。

とはいっても、実際に私が生まれ育った田舎町は、その中でもぎりぎり「村」と「町」の境のようなところであり、村であるとも町であるともいえるところだ。小学校と農協の周りにいくつか商店があるだけで、あとはほぼ、専業や兼業の農家、そしていくらかの勤め人の家があるばかりである。ただ、村の中にはプロパンガスや石炭を商う燃料屋さんや大工さんなどの、商売をやっている人びとが住み着いている。

この田舎町の地名は酒井田というのだが、有田焼で有名な、かの酒井田柿右衛門の初代が生まれ育ったところとして、知る人ぞ知る集落でもある。私の実家の隣に今も建つ酒井田光明寺が、柿右衛門の菩提寺であったということで、今は佐賀の有田に居を構える当代柿右衛門さんがたまにこの寺にお参りに来られることもある。この寺は私が子どものころにすでに廃寺となっており、その境内が、私たち子どもの格好の遊び場だった。近所の子どもたちはこの境内でよく缶蹴りやかくれんぼうをして遊んでいた。ただ、子どもばかりで遊んでいたわけではない。深く腰の曲がった近所のおばあちゃんがよく、お寺の縁側に腰かけながら我々を見守っていた。今から思えば、ひょっとすると我々の方がそのおばあちゃんを見守っていたのかもしれない。

また村には、今でいうところの認知症で、いつも村内をうろうろしていたおじいちゃんもいた。だが当時、誰もそのおじいちゃんをからかうことはなかった。ある日そのおじいちゃんが亡くなったと聞いたとき、子ども心にはじめて、人が亡くなるという感覚、そして、葬式というものがどんなふうに執り行われるものかということが、自然と理解されたのであった。

近所には、知的障害のある子もいて、一緒に缶蹴りをして遊んでいた。正直にいえば、時には足手まといになったりすることもあったのだが、そんなときは、周りの大人や先輩方が、その子との付き合い方をぶっきらぼうながらそれとなく教えてくれることもあった。

もちろん、私のように専業農家の子もいれば、兼業農家の子もおり、農地をもっていない人もいた。学校の先生もいたし、何をやって生計を立てているのかわからないような人もいた。当然、金持ちもいれば、そうでない人もいた。三世代で住んでいた人もいれば、二世代で住んでいた人もいた。私の家は三世代同居で、いわゆる嫁姑問題がひどく、祖父母と同居していない家庭がうらやましかったものだ。

この田舎町は、今も大体そんな感じで存続している。

しかし、そんな当たり前の町を、ゼロからつくってみろといわれると、じつはこれがなかなか難しいのではないかと、最近特に思う。それというのも、ニュータウンやベッドタウンと呼ばれる、二〇世紀の初頭から世界各地でつくられるようになった急ごしらえの住宅地で、今起きているさまざまな問題を見れば見るほど、私の田舎町のような多様性豊かな居住環境をつくることに失敗した住宅地が多いことを発見するからである。

多様性のある町へ

日本では、ニュータウンや、ベッドタウン、あるいは郊外住宅地、もしくはただ団地と呼ばれていたりする、新規の住宅地が、戦後多く開発されてきた。本書では、それらの住宅地が現在抱える少子高齢化問題、人口減少問題、空き家空き地問題といった諸課題をどのように理解し、解いていく手がかりを見いだせるのかを、さまざまな観点から解きほぐしていくことを目的としている。

そのカギを握るのが「町の多様性」である。少子高齢、人口減少、空き家空き地問題は、多様性の欠如から生じている面が強いからだ。ここでいう多様性とは、人口構成や世帯構成の多様性であり、建物のもつ機能や用途の多様性であり、家族間のやりとりの多様性であり、移住と定住の間にある地域への根付き方の多様性であり、地域に存在すべき居場所の多様性である。

じつは、町が備えるべきこのような多様性の重要性については、ジェイン・ジェイコブズの『アメリカ大都市の死と生』(一九六一年)や、クリストファー・アレグザンダーの「都市はツリーではない」(一九六五年)という論考において、すでに指摘されてきたことではある。だが本書では、これを日本の文脈に即して腑分けしてみながら、今後の採るべき方策の方向性を模索してみようと思う。

第一章においては、「時間」を手がかりとして、人口構成や世帯構成の多様性や、建物のもつ機能や用途の多様性について論じる。第二章では、「家族」にあらためて着目し、親世帯と子世帯がいわゆる「スープの冷めない距離」に住みながらできる範囲で助け合う現象を手がかりにして、家族間のやりとりの多様性を論じる。第三章では、「引越し」を切り口として、定住と移住の間にある、地域との関わりを多様に保ちながら、地域に住み続けていくことについて論じる。第四章では、「居場所」を論点とし、思ってもみない多様な居場所がじつは身の回りのあちこちにあることの重要性を論じる。そして最後の第五章では、これらの腑分けの結果を踏まえて、今後「町を住みこなせるものとしていく」ために考え得る具体的な諸方策を述べてみたい。

目次

住宅案

第一章　時間

人生のスパンで住宅を考える

1　町が住みこなせない

ハウジングのはじまり

住宅は、古くから家族の生活を容れる器として機能してきているが、家族のありようは、時代や場所とともに大きく変化してきた。戦前の日本の田舎では、大きな家に大家族で住むことがざらであった。特に農村の場合、重労働の田仕事は小規模の家族のみではまかなえないので、広い屋敷に母屋や小屋を建てて、兄弟が結婚しても一緒に住み続けるという居住形態には、一定の必要性があった。農業でなくとも、商家などの家業を営む際には、親族が同居し、あるいは近くに住んで、助け合いながら業を営むことはざらであった。

こうした生業《なりわい》と関わりの深くない形で住宅が考えられはじめるのが一般的となっていったのは、産業革命以降だといえるだろう。伝統から切り離された形で生業を営む「家族」集団から「世帯」が切り離され、都市を形成していった時代が、産業革命以降の都市形成の特徴の一側面でもあった。

産業革命をいち早く経験したロンドンは、スラムという問題にもいち早く直面した。上下水道などのインフラが整っていないエリアで、労働者が狭い住居に過密に居住したために生活環境が悪化し、伝染病という最も恐れられる都市問題が蔓延するようになった。一八五五年にはロンドンで一万人を超す人が伝染病で亡くなっている。当時は、コレラやペストといった伝染病の原因がまだ解明されていなかったため、これをどう防ぐべきかがわからなかった。ただ、人びとが不潔な状態で居住せざるを得ないスラムが原因であろうことはわかっていた。この都市病理で亡くなるのは、スラムに住む人ばかりではない。場合によっては上流階級も亡くなることがあった。このことが、スラムを国家の課題に引き上げたのであった。もしスラムに住む人びとばかりが亡くなっていれば、伝染病対策のためにスラムを再開発するという発想、つまり、近代ハウジングの芽生えはなかったかもしれない。

こうしたイギリス上流階級の恐れが、世界初のスラム・クリアランスの制度（一八七五年）と、自治体による公営住宅供給制度（一八九〇年）を生み出した。これら一連の動きは、まず国の中にスラムがあってはならないことを前提としており、それらは税金によって除去され、人間が住むにふさわしいきちんとした住宅に置き換えられなければならない、とする考え方をベースとしていた。その結果、すべての国民に一定の広さと質の住宅をあてがうという政策的意味を込めたハウジングという言葉が一般化した。

このようにイギリスで税金を使って住宅供給をする公的ハウジングが開始されたときに、その対象となるものを明らかにする必要があった。それが、日本の「世帯」に相当するものであった。対象を、「世帯」数を単位として客観的に定義できれば、何年度は何世帯分のための住宅が何戸必要なのかという問いに対して、掛け算と足し算にもとづいて必要な予算を議会にかけるという、一連の公務が達成できるわけである。こうして、ハウジングが行政の仕事となったときに、暗黙のうちに「一世帯一住宅」が基本的原則となっていったように思える。

日本での公的ハウジング

税金で住宅を供給しようというハウジングの思想が、日本で普及していくのは、大正時代においてであった。もちろん、一九一一年の吉原大火の際のように、災害後の緊急措置として「お助け長屋」的に行政から住宅が供給されたことはあったが、一般施策としての住宅供給が本格的に議論されはじめるのは、大正時代の半ばのことである。

一九一八年に起きた米騒動は、当時の日本政府の肝を相当に冷やしたに違いない。大正時代半ばの一九一五年から一九一九年までは、ヨーロッパでは第一次世界大戦の真っ最中であり、日本はその戦時景気を謳歌していた。成金があちこちに出現し、その豊かな資金で日本の伝統的住宅とは異なる、西洋風を加味した和洋折衷住宅が盛んに建てられはじめた。一方で、明治末期から軌道に乗りつつあった産業革命も加速し、それに伴い、農村から都会へと職を求めて移住する人びとが増え、都市問題、すなわち、急激な人口増加によるインフラの整った住宅地と住宅の不足、そして、その帰結としてのスラムの発生がにわかに課題となっていった。当時日本では、外国でスラムと呼ばれるようなエリアは、「細民窟」や「貧民窟」と呼ばれ、次いで、大正末から昭和にかけて「不良住宅地」という言葉が一般化していった。

日本でスラムが問題視されはじめたのはそれよりはやや古く、一八九〇年代あたりから新聞記事やルポルタージュとしてその実態が紹介されつつあった。松原岩五郎の『最暗黒の東京』(一八九三年)や横山源之助の『日本之下層社会』(一八九九年)(1-1)などはそれを書籍にした最初期のものである。

一九一八年の米騒動ころまでは、行政がこの問題について直接手を下すことはなく、スラム問題は一部の奇特な慈善事業家や宗教団体によって対処されるものと相場が決まっており、その活動は「救済事業」と呼ばれた。だが、日清戦争(一八九四〜九五年)とその一〇年後の日露戦争(一九〇四〜〇五年)によって、日本の産業革命が大きく進展し、それに伴って貧富の差と

1-1　横山源之助『日本之下層社会』の挿図

貧民の生活上のさまざまな課題も、第一次大戦の好景気に乗ってさらに拡大していった。

こうした課題に対応するため、一連の米騒動がはじまる直前の一九一八年七月、内務省は救済事業調査会を立ち上げ、都市貧民層を含む全国の窮民層への対策を諮問したばかりだった。その直後に起きた米騒動のような暴動は、政府が危惧していたことが具体の姿になって現れたのだといえよう。前年の一九一七年にはロシア革命が起きており、明治以来営々と築いてきた近代国家体制が瓦解するかもしれないという恐怖は、為政者に十分にあったに違いない。

特に当時、スラムのような地区は、伝染病の発生源であると考えられたと同時に、反政府思想家や運動家が潜伏するエリア、すなわち過激思想の発生源でもあると考えられていた。スラム問題は、為政者にとって単なる衛生だけの問題ではないと認識されていた。

救済事業調査会での具体の審議事項としては、貧民層の生活改善、救済、児童保護、衛生環境改善などとされ、内務大臣の最初の諮問は、米騒動が富山県の漁村から全国に飛び火しつつあった一九一八年八月に行われた。この最初の諮問に、「細民住宅改良の件」が入っていた。そのわずか三か月後の一一月に、調査会は「小住宅改良要綱」を答申した。その内容は、「公共団体等による公益住宅の建設」、「建築組合という組織を通じた持ち家建設」、「従業員住宅（社宅）の奨励」、そして「不良住宅地の改善」などが柱だった。

これらはいずれもその後実行されていったが、のちに公営住宅と呼ばれるようになる公益住宅については、翌一九一九年に内務省から発せられた「住宅改良助成通牒要綱」によって、当時六大都市と呼ばれた東京、横浜、名古屋、京都、大阪、神戸の各市が、庶民向けの住宅を直接供給する場合、政府から長期低利融資を行うようになった。こうして、日本でもイギリスと同様に、公的なハウジングの筋道が付けられていった。

住宅不足の半世紀

こうして一九一九年から正式にはじまった政府が支援する地方公共団体による住宅供給は、

1-2　最初の同潤会アパート，中之郷アパート

その後全国で展開されるようになった。一方で、国家的課題が勃発した際には、地方公共団体ではなく、政府が率先して住宅供給を行う場合もあった。
一九二三年の関東大震災では、帝都東京の復興の一翼を担うべく、国内外から集まった義援金をもとに内務省の外郭団体として財団法人同潤会が設立され、仮設住宅（当時は「仮住宅」と呼ばれた）、木造復興住宅、そして同潤会アパートとして有名になった鉄筋コンクリート造（以下、RC造）の都市型復興住宅などが建設された（1-2）。その後、日中戦争（一九三七年）や第二次世界大戦参戦（一九四一年）によって、逼迫した住宅不足の国家的解決に向けて、「住宅営団」なる特殊法人が組織され、当時住宅不足が深刻であった、にわかに勃興した軍需産業都市の近郊に、たくさんの木造団地を供給した。
戦前における最大規模な住宅不足は、戦争突入による物資不足や資金の戦地への投入によってもたらされ、その数は約三〇〇万戸と見積もられた。しかし、この三〇〇万戸住宅建設の目標を達成できないまま迎えた第二次世界大戦の敗戦は「四二〇万戸の住宅不足」という、さらなる課題を政府に突き付けた。

四二〇万戸の住宅不足

「四二〇万戸」という数字は当時の政府役人の計算によってはじき出された。戦時中建てられなかった戸数、空襲による延焼防止のために町内会などに既存住宅を壊させて空き地をつくる強制疎開で壊された戸数、空襲によって焼かれた住宅戸数、戦前植民地等からの引き揚げ世帯数などが、統計データや各種推測式によってはじき出され、それが合計されて四二〇万戸となった。当然、全国津々浦々の役場の建物が書類もろとも戦火で灰になってしまったような当時の状態では、類推的な計算しか課題の大きさを測る手立てがなかったに違いない。そしてこの計算は、一世帯一住宅の暗黙の原則にもとづいてなされたのである。

国民的な課題を数として浮き彫りにし、住宅不足をわかりやすく国民に認知させることは、住宅政策の推進にとって不可欠の作業であった。当時の日本の人口が約七〇〇〇万人とされるので、一世帯の平均的家族構成員を五人としても、国民総世帯数約一四〇〇万に対して四二〇万戸分が不足していたとなると、ざっと三世帯に対して二世帯分くらいの住宅しかなかった計算となる。こうした衝撃的な数値は、戦後の住宅復興に国家予算を投入しないと大変なことになるぞという、政府役人からのメッセージでもあった。

だが、この四二〇万戸はあながち机上の計算による誇張ではなく、敗戦直後の日本人の住宅事情は実際に極端に悪かった。壕舎と呼ばれた自力建設の竪穴式住居のようなところで暮らしたり、戦災で焼け残ったRC造の事務所ビルや学校や電車やバス（1−3）で暮らしたり、焼け残った親戚知人の住宅に間借りしたりといった人びとがたくさんいて、彼らにまっとうな住宅に暮らしてもらわないと日本の戦後復興は完成しない、というのは当時の国民的なコンセンサスでもあった。

1–3　バス住宅

戦後の住宅政策

住宅不足、すなわち「世帯数＞住宅数」である状態を克服するための住宅政策が一九七〇年代まで続いたことが、戦後日本の住宅政策の骨格を形成してきた。政府はこの間、一九五〇年に住宅金融公庫法を、一九五一年に公営住宅法を成立させ、それぞれ、土地はあるが住宅を建てる資金がない人、民間で賃貸住宅すら借りられない低所得の人、を支援する方策を採った。

戦後のいっときは、土地の値段が相対的に安かったので、住宅資金さえあれば住宅を手に入れることのできる人は多かった。今のような住宅ローン資金は、民間では調達しにくかったため、国家がテコ入れする住宅ローンがまずもって重要だったのだ。これには当時日本を占領していたアメリカ自体が、持ち家政策を重視していたことが、色濃く反映されている。

一方で、民間の賃貸住宅市場では、一九三八年の国家総動員法にもとづいてはじまった地代家賃統制令が、戦後も一九四六年のポツダム勅令のもとに再制定され、なんと、一九八六年まで続いていた。この統制令は、高止まりする地代や家賃を強制的に安い値段に抑えるという経済統制の一種で、戦後になって新築や大型の物件が段階的に統制の対象外になっていった。それでも都市サラリーマン層が退職時に借家を建て、その上がりを年金代わりにするといった、戦前からの都市文化の一種ともいえる借家建設の文化を大いに阻害したのは間違いなかった。こうした統制令があると、どうしても家賃の高い市場となり、リーズナブルな物件が市場に出にくくなる。

一方で、一九四六年から一九四九年まで続いた傾斜生産方式に関わる石炭や鉄鋼関連分野では、産業重点化政策によって、復興金融金庫からの融資で社宅が大量に建設された。対照的に、一般の企業にとって社宅建設資金を調達するのは容易ではなかったが、大量の従業員を抱える企業は社宅建設に力を入れ、それをリクルートの際の魅力としてアピールするようになった。

このように、民間の賃貸住宅市場がほぼ機能しない中で、サラリーマンにはなったものの社宅には入れない、大多数の都市中堅層の住宅問題は、ますます深刻なものになっていった。その世情を反映し、一九五四年の暮れに行われた総選挙で各党の公約は、軒並み住宅政策に関するものであった。結果、四二万戸住宅建設を掲げた鳩山一郎内閣が勝ち、戦後五五年体制を築いていく。彼の選挙公約の実現のために一九五五年七月に、にわか仕立てで組織されたのが、日本住宅公団であった。こうして世の中に団地ブームを巻き起こした日本住宅公団が誕生し、大都市中間層サラリーマン向けの賃貸団地や分譲団地が都市内外で出現し、公庫住宅と公営住宅とともに、「日本住宅政策三本柱」と呼ばれる政策が成立したのである。

ニュータウン

日本住宅公団の誕生は、「ダンチ族」という流行語（1-4）をもたらした。都心より少し郊外ののんびりした住宅地に、二階から四階建ての白いRC造のアパート群が真新しい木立の間に立ち並び、「ダイニングキッチン」という名の、イスとテーブルで食事する日当たりのよい台所兼食事室、日当たりのよいベランダでの洗濯と物干し、バランス釜付きの内風呂、水洗便所といった、これまでの日本家屋の暮らしとは決定的に異なる空間を、鉄の扉一枚、鍵一つで簡単に内包できる住戸は、戦後サラリーマン層に大いに憧れられた。公団のみならず、公営住宅や会社の社宅も、要するにRC造の集合住宅の暮らしは、庶民から「ダンチ族」として、うらやましさ半分、や

1-4　『週刊朝日』特集「新しき庶民〝ダンチ族〟」中表紙

1-5　香里団地

つかみ半分の気持ちで眺められていた。

こうした団地は、一九五〇年代までは、戦前にすでに開発されていた旧軍用地や公用地で開発されることが多かった。また、都市内に市街化されずに残っていた農地なども積極的に団地に置き換えられていった。一九五八年に入居が開始された大阪府枚方市の香里団地は、香里ニュータウンとも呼ばれ、日本で最初にニュータウンと呼ばれたところの一つである(1-5)が、この土地は軍用地に土地区画整理事業が施されて造成されたものであった。東京でも、一九六二年に入居がはじまった北区の赤羽台団地は、当時は珍しい高層の団地であったが、ここも軍用地を開発したものであった。

だが、こうした開発者にとって都合のよい土地は次第になくなっていった。団地は少しずつ郊外化し、耕地や自然の丘陵地を新規開発して、インフラを新たに整備した上でないと建たなくなっていった。こうした新規開発の住宅地を行政主導で大々的に行ったのが、大阪の千里ニュータウンであった。一九六一年から大阪府企業局が主導して、区画整理事業をベースに開発したこの団地には、公営住宅もあり、公団住宅もあり、戸建ての公庫住宅も建った。住宅政策三本柱の実現の舞台を一挙に用意したのが、千里ニュータウンだったのである。

アメリカの住宅地から

千里ニュータウンでは、すでに欧米のニュータウン開発にとり入れられていた計画手法である「近隣住区論」をベースとした土地利用計画と、「ラドバーン方式」という、歩行者と車を分離する動線計画が日本で最初に本格的に導入された。

「近隣住区論」とは、ニューヨーク郊外の住宅地開発の観察をベースに生み出されたアイデアで、一九二九年にクラレンス・ペリーによって唱えられた。大きな車道で囲まれたスーパーブロックと呼ばれる大街区の住宅地をつくり、この住宅地に用のない通過交通が入ってこないようにする。そしてこの大街区のほぼ真ん中に小学校を配置し、住宅地内のどこからでも子どもが苦もなく歩いて通学できるように配慮する。未就学児のためには、幼児公園を点在させ、幼い子どもや乳母車を押したお母さんが容易に歩いていけるようにする。さらに、街区の端に標準一万人程度のこの町の居住者を支えるに足る商店を計画して、住宅地からは安全に商店街にたどり着け、住宅地の外からは大きな道路から商店に物資を運び込めるようにする。こうして、この近隣住区が二つ三つ、三つ四つ隣接する場合には、人口二万人、三万人、四万人ではじめて成り立つ類のお店、つまり毛皮屋さんや百貨店も立地しうる、といった計画である。

一方の「ラドバーン方式」も、ニューヨーク郊外で発明された。ラドバーンとは、建築家のクラレンス・スタインとヘンリー・ライトが設計した住宅地の名前であった。ここでも近隣住区論の考え方と同様、住宅地の外側に走る大きな車道に囲まれた大街区が住宅地の基本単位となっている。そして、その外周道路から車の動線を直接街区内に引き込む袋小路をつくる。この袋小路は「クルドサック」と呼ばれた。この路地沿いに、「クラスター」と呼ばれる一〇軒程度の住宅のまとまりを配置し、クルドサックから車でアプローチできるようにする。

実際のラドバーンでつくられた大街区は、一つの小学校を構成する規模よりも小さかったので、大きな車道を越えて、隣の街区からも児童を連れてこなければならなかった。この難問を解決する手法が、立体交差であった。車道は地面レベルを走り、隣の街区の小学校にたどり着くための歩道は、その車道の下にトンネルをつくって直行させる。こうしたアイデアは、すでにニューヨークのセントラルパークで採用されていた、歩行者専用道路のトンネルが車道の下をぐる方式を見て、編み出されたという。

近隣住区論もラドバーンも、ともに一九二〇年代のニューヨーク郊外の住宅地開発と、当時世界に先駆けていち早く社会問題となっていた交通事故問題を、どう解くかという問題意識から生まれた。戦後、モータリゼーションが世界中に普及するのに伴って、これらの住宅地計画理論も、世界中に普及していった。

日本でそれを本格的にとり入れたのが千里ニュータウンであった。こうしたニュータウンでは、車道と歩道が立体交差しているのをよく見かけるが、それにはこうした歴史があるのだ。ただし、日本のニュータウンづくりにおいては、「センター方式」という概念が適用されており、オリジナルの近隣住区論とはやや異なる方式となっている。すなわち、センターと称する商店街を住区の真ん中につくって、ここをショッピングセンターとし、地域住民が集まる場としたのだ。このアイデア自体は悪くはないのだが、のちに述べるように、長時間を経て町の中に活気がなくなってくると、センターが一挙に衰退する危険性をはらんでいる。

民間住宅地開発

住宅問題解決のために、千里のようなニュータウン開発を全国ベースで応援しようと制定されたのが、俗にニュータウン法といわれる新住宅市街地開発法(一九六三年)であった。千里ニュータウンも開発途上で同法の適用を受けている。一九六五年から開発がはじまった多摩ニュータウンを含め、全国各地のニュータウンが、この法の下で次々とつくられていった。住宅不足の解消には大いに役に立ったに違いないが、現在見るような、オールド・ニュータウン、すなわち、開発から半世紀以上経った年老いたニュータウンをどのように取り扱うかが課題として残されることになった。

住宅地開発は、公共事業ばかりによって行われたわけではない。一九五〇年を過ぎると、民間住宅地開発事業者が次々と小中規模の住宅地開発をはじめていた。そして、一九五五年あたりからは、次第に山を切り崩して大規模造成して、住宅ローン付きや割賦販売で住宅を建て売りで売るような商法が全国規模で隆盛となった(1-6)。当初は宅地造成技術の蓄積がなかったため、大雨やちょっとした地震などの災害によって、被害を受ける住宅地も少なくなかった。こうした事態を受け

1-6　昭和30年代の住宅地造成

て、一九六一年には宅地造成等規制法が制定され、切り土や盛り土などの住宅地造成技術の安全性確保に対する底上げがなされていった。

しかし、次々に虫食い状態に開発される住宅地の開発によって、都市郊外の乱開発が進むのを野放しにしていては、道路や電気、上下水道といった都市インフラの提供が後手になり、結局、スラム的な問題につながっていく恐れが必ず生じる。インフラ未整備の状態で、民間の戸建て住宅や木造アパートが密集して建設されたところが、のちに「木賃《モクチン》ベルト地帯」と称され、都市部で地震や火災の危険地帯として認識されるようになるのも、そうした現象の帰結の一つであった。

どの辺りには住宅地開発を許して、どの辺りには許さないかを決めるのは都市計画であるが、日本の都市計画法は、地方公共団体が公益住宅の建設をはじめたのと同じ一九一九年に成立したまま、抜本的な改正が行われずにいた。そこで一九六四年に、都市計画法とは別法の宅地造成事業法によって、行政が指定するエリアにおける宅地造成は届け出制とし、技術的基準を守るように指導された。この制度は、六八年の新都市計画法中の開発許可制度に引き継がれた。

このようにして一九五五年以降、住宅不足解消のための単なる住宅供給ばかりでなく、都市開発を伴った面的な開発が、官民を挙げて日本の市街地の面積を増やしていったのである。ただ、こうして生じてきたニュータウンの中の住宅や住宅以外の建物の機能的な配置が、長時間を経て問題を生んでしまうことは、当時はほとんど意識されていなかった。

国家主導のハウジング

一九六四年の東京オリンピックが終わっても、特に都市部の住宅不足は深刻なままだった。さらに、それ以前の昭和三〇年代を通じて物質的に豊かになった日本人は、住宅の中にたくさんの家電製品を詰め込むようになり、加えて子どもたちが個室を要求するようになって、単に戸数では表現できない新たな住宅問題も顕在化してきた。また、問題の諸相は地域によってかなり異なるものでもあった。こうした事情を受けて、一九六五年に制定された地方住宅供給公社法では、都道府県や大都市が独自に公社を設置し、その地域独自の住宅事情にふさわしい住宅を、賃貸でも分譲でも、建設できるようになったのである。

さらに政府は、早期の住宅不足の解消を目指して一九六六年に住宅建設計画法を定め、同法にもとづき「一世帯一住宅」をスローガンとする、第一期住宅建設五箇年計画(一九六六〜七〇年度、以下、「一期五計」などと略す)をはじめた。これは、前述した住宅政策三本柱をはじめとして、地方住宅供給公社や、さらには民間住宅供給も総動員しながら、国として総合的に住宅建設を推進し、計画目標戸数を達成しようというものであった。結果、六八年の住宅統計調査で全国の住宅数が世帯数を上回るという、戦後の大目標であった住宅不足解消が、数値の上だけではあるが達成されたのである。またこの年、日本でははじめて年間の住宅着工戸数が一〇〇万戸を上回った。住宅建設五箇年計画の上げ潮に乗って、当時プレハブ住宅と呼ばれた工業化住宅への融資などの刺激策もあり、民間住宅建設にも加速がついたのだ(1-7)。

1-7　初期のプレハブ住宅

「一世帯一住宅」という、大正時代から約半世紀にわたって取り組まれてきた国家的課題が達成されたのちに考案されたのが、二期五計(一九七一~七五年度)のスローガン、「一人一室」であった。一人一室というわかりやすい目標は、住宅面積の拡大に重きが置かれた。悲願の一世帯一住宅を達成した政府の次なる目標は、住宅数ではなく住宅の広さとなったのである。

当然、住宅の適正な広さに関する議論も出てきた。一九六七年の住宅対策審議会基本問題部会では、家族人数ごとの平均水準や最低水準の居住面積の標準が提案された。これは「本城提案」とも呼ばれ、四人世帯では平均水準として３ＬＤＫ、最低水準として３ＤＫ、といった具合いである。これが、現在まで採用されている、「誘導居住水準」「最低居住水準」の考え方につながっている。ちなみにこの名称の元となった人物とは、日本住宅公団初代設計課長であり、ダイニングキッチンを中心とした間取りの系列に２ＤＫや３ＤＫといった符号を導入した本城和彦である。

量から質へ、経済へ

住宅不足解消により、戸数主義政策からの転換を図る意味合いを込めて、これからは「量から質だ」といわれるようになった。だが、ここでいう「質」は、「一人一室」に代表されるような、一人当たりの居住面積の拡大だととらえられることが多かった。

一方で、二期五計から重要視されたのが「住宅産業」であった。それを象徴するのが、一九七一年に住宅畑と経済畑の官僚が共同執筆した『住宅産業論』という書籍である。住宅政策の役割が、「住宅不足解消のための住宅供給」から、「居住面積拡大という名の質の向上を掛け声とした、住宅建設による経済活動の活性化」へと、大きく舵が切られた。ちなみに田中角栄の『日本列島改造論』はその翌年に出版されている。住宅建設レベルから国家建設レベルまで、国が各種計画を主導しながら、その中で民間産業の育成を図るという図式が完成されつつあった。この図式は、一九七三年の第一次オイルショックによって一時冷や水を浴びせられたものの、その骨格は現在も継続している。

その後、一九七六年から八〇年をターゲットとする三期五計では、「最低居住水準」「平均居住水準」という政策目標となる数値が導入され、「居住面積の拡大を通した質の向上」は、最後の八期五計(二〇〇一〜〇五年)まで続いた。はじめのころは、国民の何割の住宅を最低居住水準まで引き上げようなどという目標設定であったが、これも次第に達成され、五期五計(一九八六〜九〇年)では「誘導居住水準」という新指標が導入され、今度は国民の何割をこの水準までもっていこうという形式となっていった。だが、ここまで長年にわたって、似たようなスローガンで国民の意識を住宅建設に釘付けにすることはできず、後半の五箇年計画は、すでに一般人にはあまり響かなくなっていった。住宅の数や面積そのものについてはもはや、あまり文句が出なくなっていたのだ。

そして、二〇〇〇年ころになると、グローバル経済の下でカネとモノが国境を越えてダイナミックに移動する時代に入り、さらに新自由主義の台頭によって、国家の計画は民間の産業育成を主眼とするようになった。その一環として、住宅建設計画法も二〇〇六年に廃止となり、代わって、住生活基本法にもとづく一〇年計画の住生活基本計画の時代に入ることになった。昭和時代のような、国民が一丸となって、一つの目標をみんなで達成するような時代ではすでになく、多様な価値観にもとづくライフスタイルが実現する底支えをすることが、国に求められるようになった。このため、第一期の住生活基本計画の主眼は、セーフティネットと住宅市場の活性化に置かれた。

住宅双六

住宅統計調査において各都道府県で住宅戸数が世帯数を上回った一九七三年は、日本が四二〇万戸の住宅不足を解消した年とされている。ちょうどこの年に、それまでの日本の住宅政策が半世紀にわたって培ってきたハウジングの結実とも言うべき一枚の絵が登場した。上田篤氏が描く「現代住宅双六」である(1-8)。

一人の人間が一生のうちにたどっていく、典型的な住まいの移り変わりを描いたものである。双六の一コマ目は生まれた直後の居住空間であるベビーベッド。やがて成長すると子ども部屋をもらい、寮で一人暮らしをはじめ、アパートに移り、公営住宅や公団住宅に移り住み、分譲マンションを経験して、最後に「庭つき郊外一戸建住宅」にたどり着くことが「上り」とされ

1–8　現代住宅双六（1973 年）

ている。

つまり当時は、郊外の土地を手に入れて、一戸建てを建てることが人生至上の目的であり、人生の到達点であることを示していた。この絵は当時の人びとから実感をもって共感され、その後も日本人の典型的な住み替えのパターンとして幾度も引用されている有名な図である。そして、この双六の中に描かれている一つ一つの住宅のタイプは、本書でこれまで述べてきた、日本が近代に入って営々と築き上げたハウジングの歴史の蓄積をも表現している。

それから約三〇年後、二〇〇七年に同じ上田篤氏が新たに現代住宅双六を

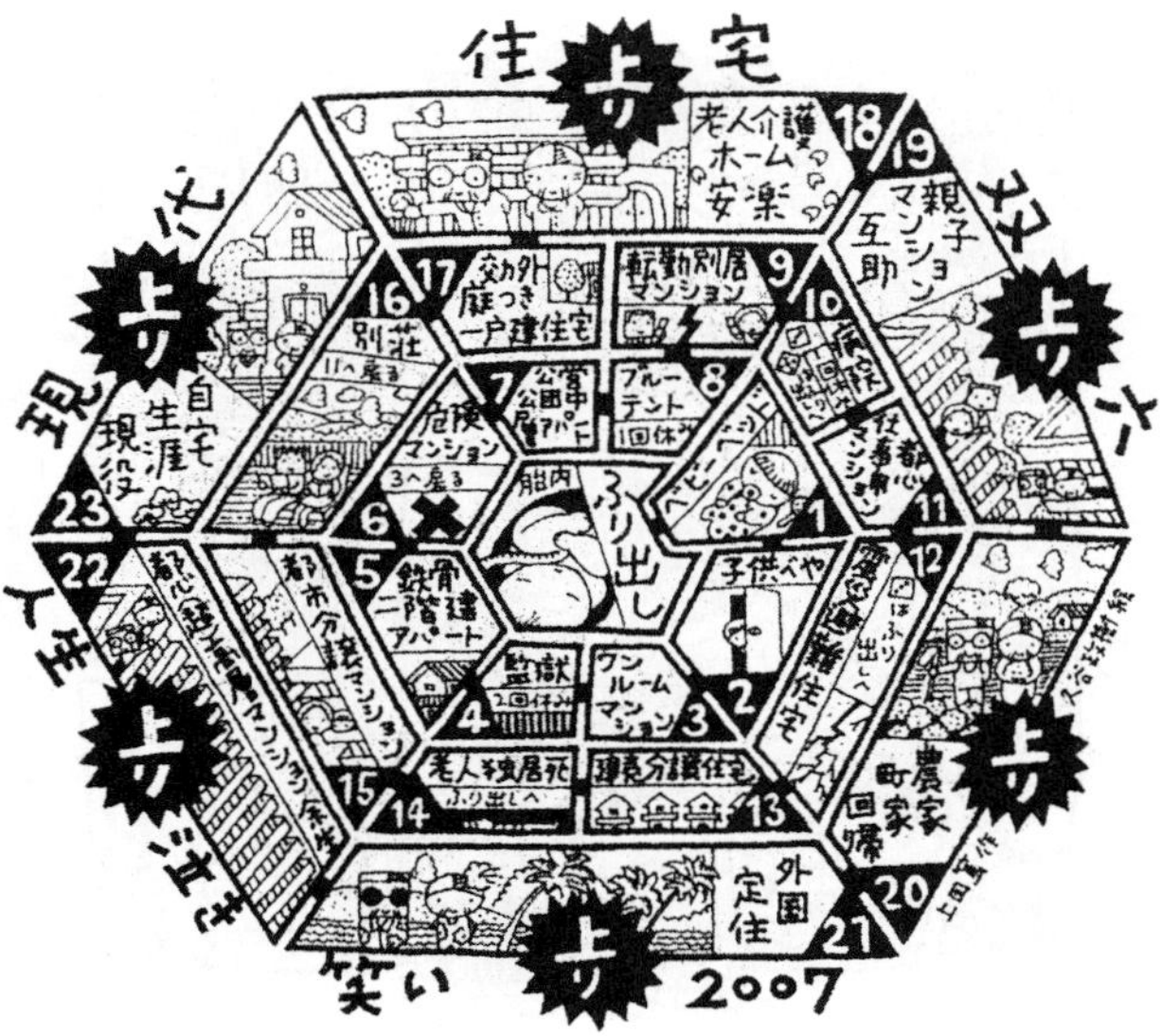

1–9　新・住宅双六（2007 年）

描いている（1―9）。ここではこれを「新・住宅双六」としておこう。一九七三年版との最大の違いは、上りが六つあること。今回は、双六の真ん中が「ふり出し」となり、六角形をした双六の一番外側に、新たな六つの「上り」が設定されている。それらは、老人介護ホーム「安楽」、親子マンション「互助」、農家町家「回帰」、外国定住、都心（超）高層マンション「余生」、自宅「生涯現役」となっている。

　この二つの双六の間の三四年間に起きた世間での大きな変化は、人の寿命が伸びたことであった。「郊外庭つき一戸建住宅」という「上り」の先に待っていたのは、超高齢社会における高齢者の終の住処の問題であった。

厚生労働省の資料によると、大正時代半ばの一九二〇年の典型的な家族では、夫は五五歳で定年を迎え、夫婦ともに六一歳で亡くなっている。いわゆる余生は六年程度だ。これが高度経済成長ただ中の六一年になると、夫は六〇歳で引退して七二歳で亡くなり、妻は七三歳で亡くなる。夫婦ともに余生が一二年に伸びた。そして、二〇〇九年では、夫が六五歳で引退し、亡くなるのが八〇歳。妻は八六歳まで生きる。ここでは、夫の余生は一五年、妻の余生はなんと二一年である。年々長くなっていく余生、特に妻の余生が格段に長くなっている現実に対して、それまでの住宅双六が間尺に合わなくなってきたということなのだ。

さて、新しい住宅双六の六つの上りのうち、政府はこれまで、老人介護ホーム「安楽」の類の建設に力を入れてきた。しかし、超高齢社会において必要な老人ホームをすべて建設する財政的な余裕はすでに国にはなく、現在では高齢者たちは在宅を中心とした、地域包括ケアシステムの中で暮らすことが目標とされている。

もう一つの上りである都心(超)高層マンション「余生」は値段が高く、裕福な人でなければ実現は難しい。「外国定住」のように、退職金や年金をもとに海外に移住する手もあるが、これもある程度の経済的余裕がないと難しい。

それに比べると、農家町家「回帰」はやや現実的である。若い人の間でも現在、都心から地方に引越すことが加速度的に起こっているが、高齢者の間でも、都会の住宅を手放して、田舎の空き家に引越し、近所の方々から農園の手入れなどを教えてもらいながら余生を過ごすというのは、現実的な選択肢の一つとして一般的になりつつある。

しかし、ここで私が一番注目したいのは、親子マンション「互助」である。高齢者が一人でマンションの一室に暮らしていて、そのすぐ近くに子ども夫婦が暮らしており、孫がときたま遊びに来る、という住まい方である。これは次章で注目する「近居」の例でもある。「一世帯一住宅」の図式を越え、「家族」として地域に住むという、これまでの住宅政策ではほぼ話題にすらされなかった、新たな住まい方がここには描かれているのだ。

ただ、自宅「生涯現役」の道をたどる人がこれからは多くなるだろう。各種調査でも、高齢になったときに、どこに住みたいかという質問で常に一位を獲得しているのが「自宅に住み続けたい」である。だが、これがなかなか難しい。既存の日本家屋は段差が多く、バリアフリーならぬ、バリアフルな物件が多い。さらに、住宅そのものはバリアフリーであっても、住宅の敷地と前の道路との間に段差があるようなところが大変多い。高度成長期以降、山を切り開いて造成した住宅地にこのタイプが多い。ひとたび身体が不自由になれば、住宅にではなく、町に住み続けることが難しくなったりもする。既存の住宅ストックを活かして在宅で老後を過ごすのが一番いいに決まってはいるのだが、これがなかなかできにくい。しかも、こうした住宅問題が集団的に起きているところが、戦後開発されたニュータウンと呼ばれる住宅地なのである。

2　町の生態学

ニュータウンの「老い方」

日本の住宅供給、住宅団地づくりは、「一世帯一住宅」という下敷きの上で住宅不足を解消する近代的なハウジングの思考とともに、人びとが異なるタイプの住宅の間を境遇の変化に応じて適切に引越すことを暗黙の前提にしてきた。しかし、その前提はいたるところで裏切られ、当初は予想もしなかった事態、すなわち過度に偏った高齢化、若年層流出による地域の衰退、空き家化などが深刻味を増してきた。

ここでは、住宅地が建設されてから長期間にどのような変貌を遂げるかを、実際に調べたデータをもとに見てみよう。いわば「人間が町に生息するときの生態学」である。

私の研究室では、二〇〇〇年を過ぎたころ、これから日本の人口がどんどん減っていったときに、空き家や空き地が問題となるだろうとの意識から、民間によって開発された関東一円の五ヘクタールを超える戸建て住宅団地を網羅的に調べたことがあるが、平均すると全体の約二割の住宅地が空き地のままとなっていた。こうした団地はすでに開発から三〇年から四〇年経っているところが多く、それらの団地の人口の推移には、ある共通した傾向が見られた。

1-10は、一九八〇年ころに完成した、茨城県内の東京通勤圏内にある、ある団地の人口動態を、五年ごとに行われる国勢調査のデータをもとに示したものである。八〇年には、新規の入居者ばかりのため、若い夫婦とその子どもたち、つまり日本の平均的住宅一次購入者層である三五歳前後と未就学児童を中心とした一〇歳代前半までの人がほとんどを占めている。こうした人びとを本書では「三五歳と生まれたて」と表現しよう。

五年後の一九八五年までこの傾向が続き、団地の分譲地はこの間にほぼ埋まっていった。この短期間に、この町にやってくるのは同じく「三五歳と生まれたて」の人びとだ。その結果、「フタコブラクダ」のような人口構成の二つのピークが右に五年分シフトする動きを見せる。逆にいえば、このフタコブは、この町には一挙に入居した「三五歳と生まれたて」以外の世代がほとんど存在しないということを意味している。最初から、人口構成の多様性を欠いているのだ。

　ただ、二〇年経ったころに変化が生じている。親の数はあまり減らないのだが、子どもの数が減っているのである。これは、二〇歳前後になった子どもが大学進学や就職によって家を出ていっていることを表している。こうした現象が団地のどの家庭でも一斉に起きるため、町の人口動態は「フタコブ型」から「ヒトコブ型」へとシフトする。そして、このヒトコブの部分

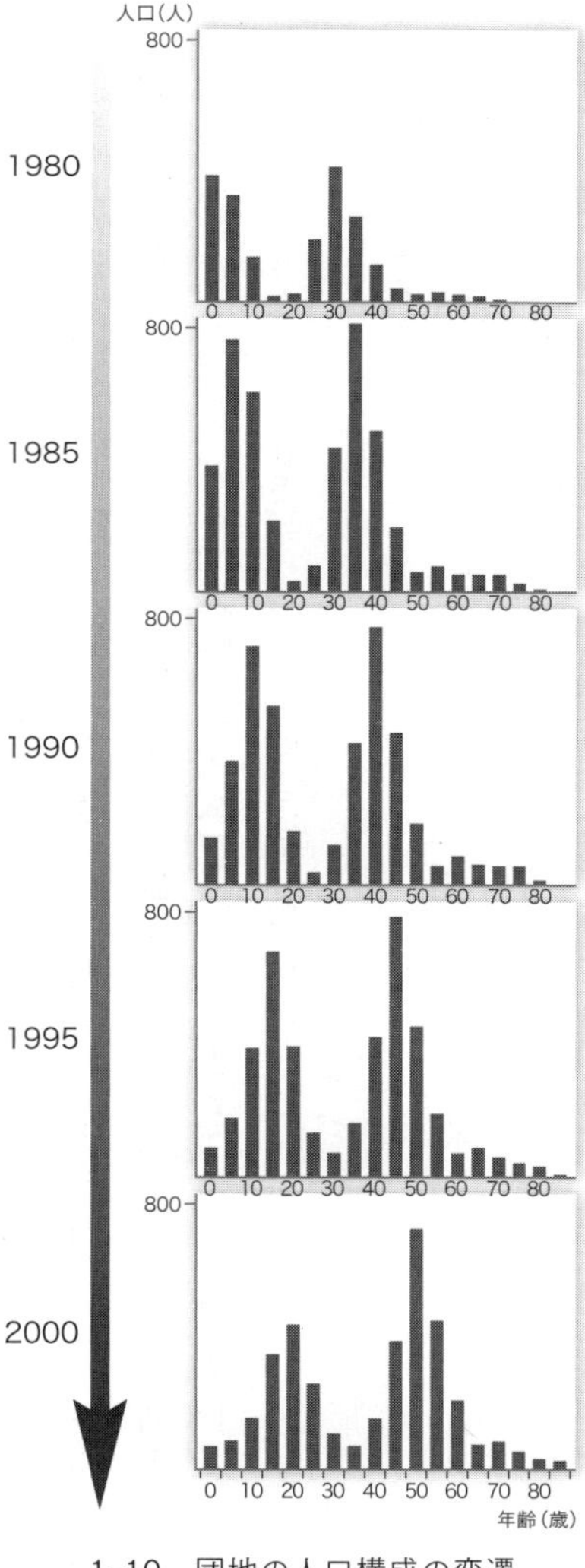

1-10　団地の人口構成の変遷

がほぼ高齢者となっているというのが、全国のニュータウンで生じているのだ。

調査したほかの団地の子どもの人口推移を見ても、団地が二〇年以上過ぎれば、完成当初の三分の一程度になっていた。こうして団地全体の高齢化が進んでいき、新たな入居者も入らないまま、高齢者が引越ししたり、入院したり、亡くなったりすると、空き家が発生しはじめる。郊外でこのような現象が起き続ける限り、空き家問題は解決しないのだろう。

高齢化する分譲系住宅

団地で見てきたようないびつな高齢化現象は、一般の住宅市街地を含めた場合にも当てはまるのだろうか。こうした問いに答えるために、東京通勤圏の人口四〇万のある都市の住民基本台帳と、土地家屋台帳に記載された一〇万人分のビッグデータを、大学と行政間の包括協定にもとづいて分析してみた。住民基本台帳には世帯の年齢や構成が載っており、土地家屋台帳には住んでいる住宅の構造種別や築年数が載っている。普段は部署によって別管轄となっているこれらのデータを突合することによって得られたのが、1-11である。

この図は、市内の戸建て住宅に何歳の人びとが住み着いているのかという実態を示している。新築の戸建て住宅には、団地で見てきたのと同様に見事に「三五歳と生まれたて」が住み着いていて、グラフの形状は最初からフタコブ型となっている。もちろん市全体の統計なので、中には農家の三世代同居もカウントされてはいるが、それはほんの少数である。

築一〇年の戸建て住宅を見てみると、フタコブの背が低くなってはいるが、「三五歳と生ま

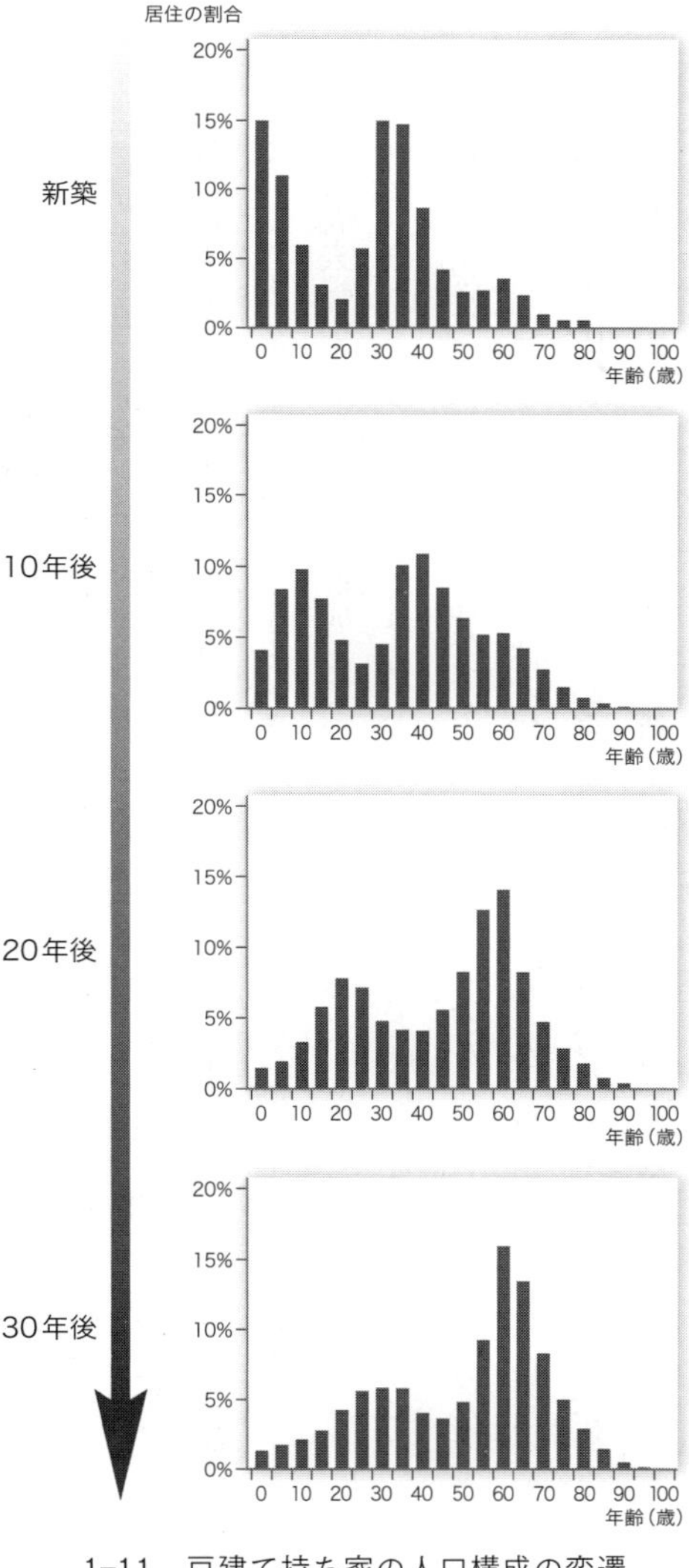

1-11　戸建て持ち家の人口構成の変遷

れたて」が基本となっている。二〇年後を見ても、やはり「三五歳と生まれたて」がベースである。ただし、子ども世代が少しずつ家から離れていっている様子が読み取れる。

そして、築三〇年になると、親は六〇歳前半がピークとなり、三〇歳代くらいになった子どもたちの数はますます減って、ヒトコブ型に近づいている。市街地全体で見ても、新築住宅を買って「三五歳と生まれたて」が住み着き、二〇年経ったころから子ども世代が家を出ていき、残された老夫婦がヒトコブ型を形成していることがわかる。

これを、分譲マンションで見てみると、ほぼ戸建て住宅と同じような傾向を示している（1-12）。異なる点は、戸建て住宅に比べて分譲マンションの方が、フタコブのピークの傾きが急なことである。このグラフは戸建て住宅には、二世帯住宅とか三世帯同居とか、築百年とか、広い邸宅も狭小住宅もあって、多様性が高いのに対し、分譲マンションには多様性がないということを示している。このことは特に、新築マンションに顕著である。

つまり、分譲マンションが惹きつける居住者層は、かなりしぼられているということだ。分譲マンションでは特定の層が住む確率が高くなるということは、高齢化したときの課題の集積の度合いも高くなることが予想されるということである。このことは、一挙に数百戸規模の大規模マンションを多様性のない形でつくると、数十年後にその課題が一斉に露わになってくる可能性があるということだ。

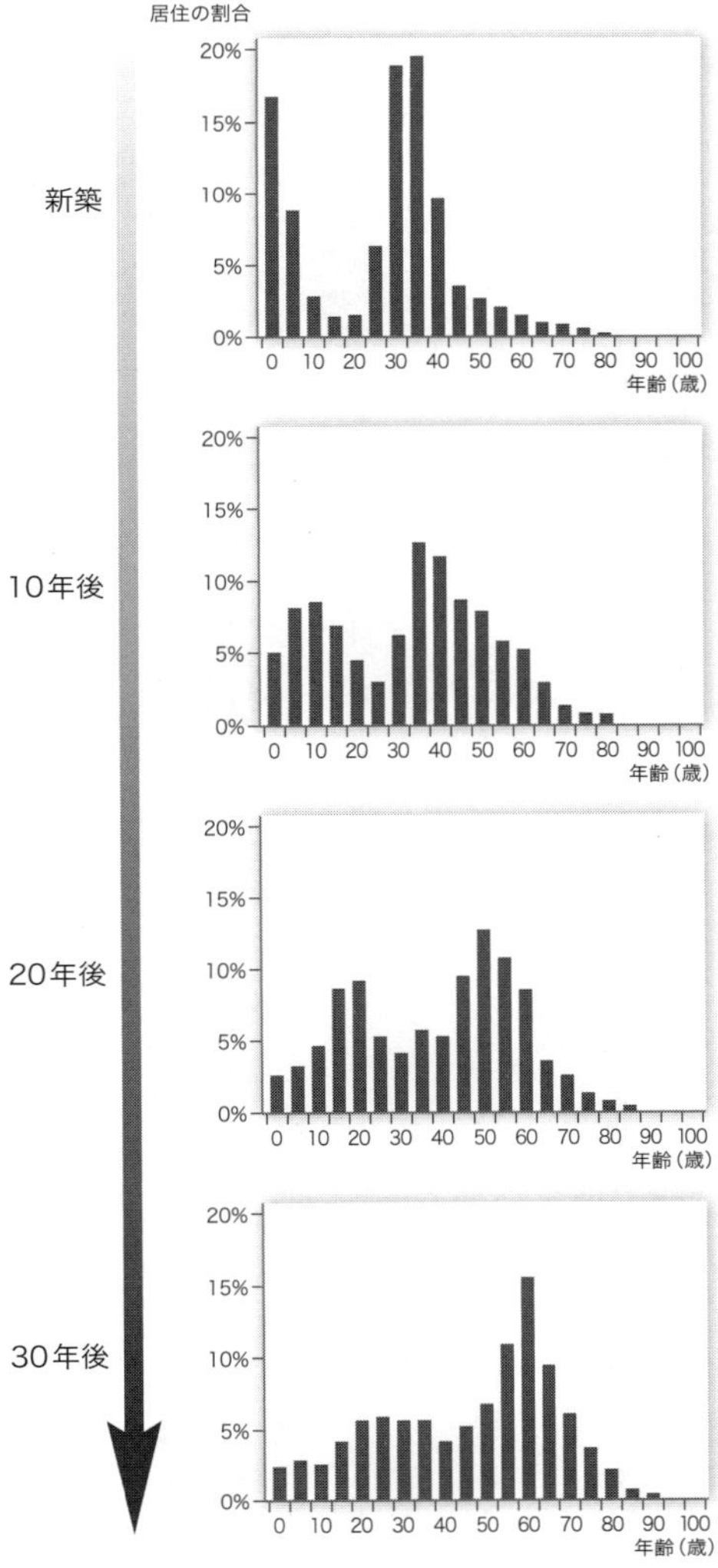

1-12　分譲マンションの人口構成の変遷

高齢化しにくい賃貸アパート

次は、賃貸アパート（1-13）。戸建て住宅や分譲マンションという、所有の対象となる住宅の種別、すなわち分譲系の住宅とはかなり異なる結果になっているのがわかる。最初に住み着くのが「三五歳と生まれたて」ではないところがユニークである。これが築一〇年になっても、親の世代は二〇歳代後半から三〇歳代前半がピークで、子どもの世代は生まれたてがピークとなっている。つまり、賃貸アパートに定住する層はあまりなく、常に若い人びとに住まわれているということである。

そして、築二〇年になっても三〇年になっても、相変わらず親世代は二〇歳代後半から三〇歳代後半がピークで、子ども世代は生まれたてがピークとなっている。さすがに、築三〇年となると定住層の存在も無視できず、全体の居住者の年齢構成に幅が出てくるものの、若い家族を惹きつける器であることに変わりはない。

こうした賃貸アパートの特性を、地域の中でどのように発揮させるかを考えることも、今後の住宅供給の大事な論点になろう。

三五歳と生まれたて

これまで見てきたように、日本の分譲系の住宅には、どうやら「三五歳と生まれたて」が住みはじめるのがセオリーとなっているようだ。このからくりに迫ってみよう。

全国トラック協会の引越部会の調査によると、日本人が生涯に引越しする平均回数は六回だ

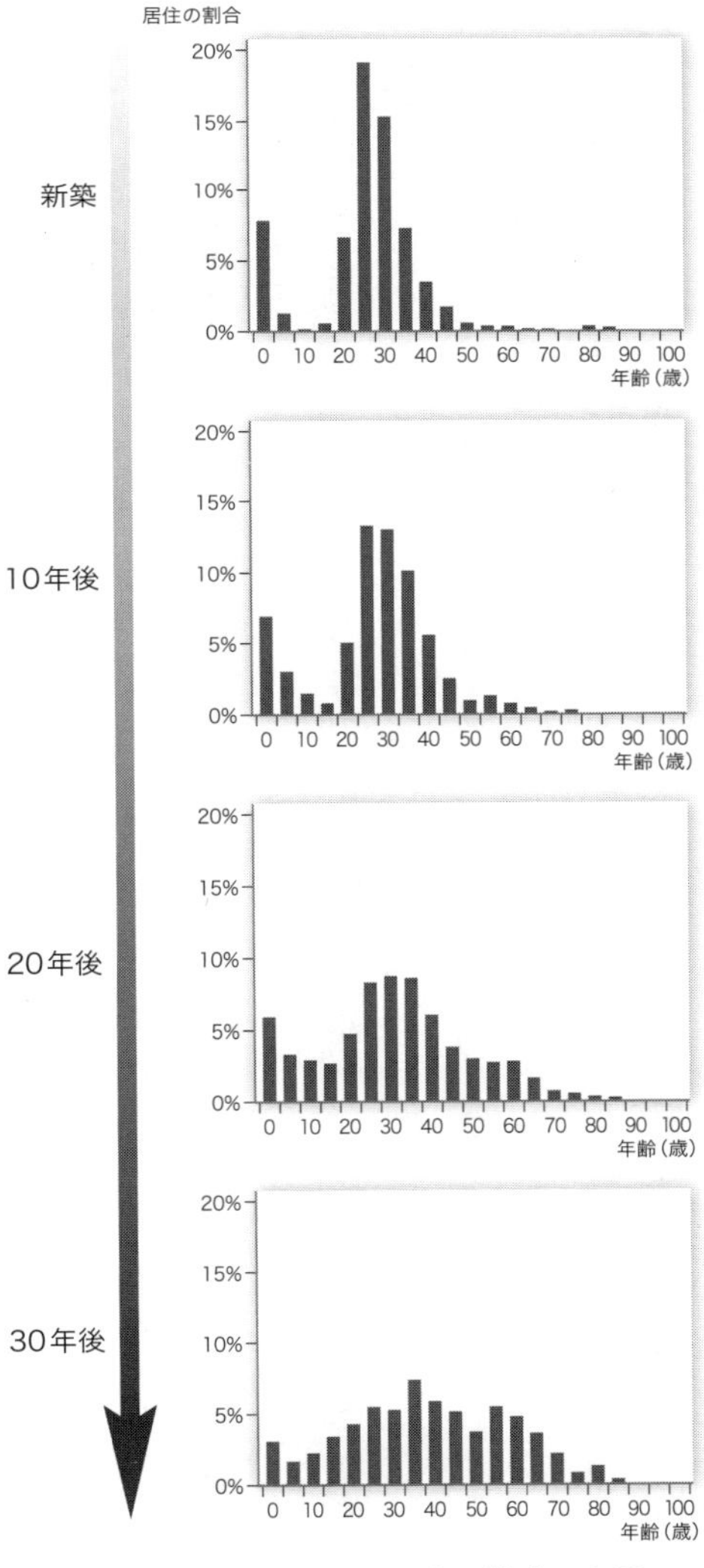

1-13　賃貸アパートの人口構成の変遷

そうだ。言われてみれば、なるほどと思える数字ではある。それでは、日本人に比べればかなりロコモーティブだといわれるアメリカ人はどうだろうか。FedExの調査によると、アメリカ人が生涯に引越しする回数は、じつに一七回だそうだ。ネットで検索してみても、一五回とも二〇回とも書いてある。ざっと日本人の三倍程度引越しするようだ。この違いはいったい何によるものだろうか。

1-14は、モデル的な日本人とアメリカ人の年齢ごとの年収の伸びのイメージを、極めて大雑把に模式図にしたものである。横軸が年齢、縦軸が収入を示している。近年はずいぶん崩れてきたといわれているが、日本は長らく終身雇用、年功序列社会だといわれてきた。ある組織に長く勤めるほど、年齢に応じて年収が高くなっていく仕組みだ。グラフにしてみると、たいてい1-14の曲線のようになる。ただ、近年ではますますこのいわば「昭和モデル」が壊れつつあるのだが、大手企業に就職できた大卒者というイメージで解説すると、以下のようになる。

勤めはじめはかなり低いところから出発するが、多少我慢していると、若いころは毎年年収が高くなっていくのが目に見えて実感できる仕組みになっている。だが、年齢を重ねるにつれ、その伸びは鈍化していく。このシステムは、若い人にとってはなかなかつらいが、子どもが大学生になったりして金のかかる年代になったときに、何とかその時期を乗り切れるようにしているシステムだと見れば、互助的なシステムのようにも見える。

　このような給与曲線を前提に人生設計を考えると、勤めはじめる二〇歳過ぎくらいのときは、給料も少なく一人暮らしなので、必然的に賃貸アパート住まいとなる。ただ辛抱していれば、

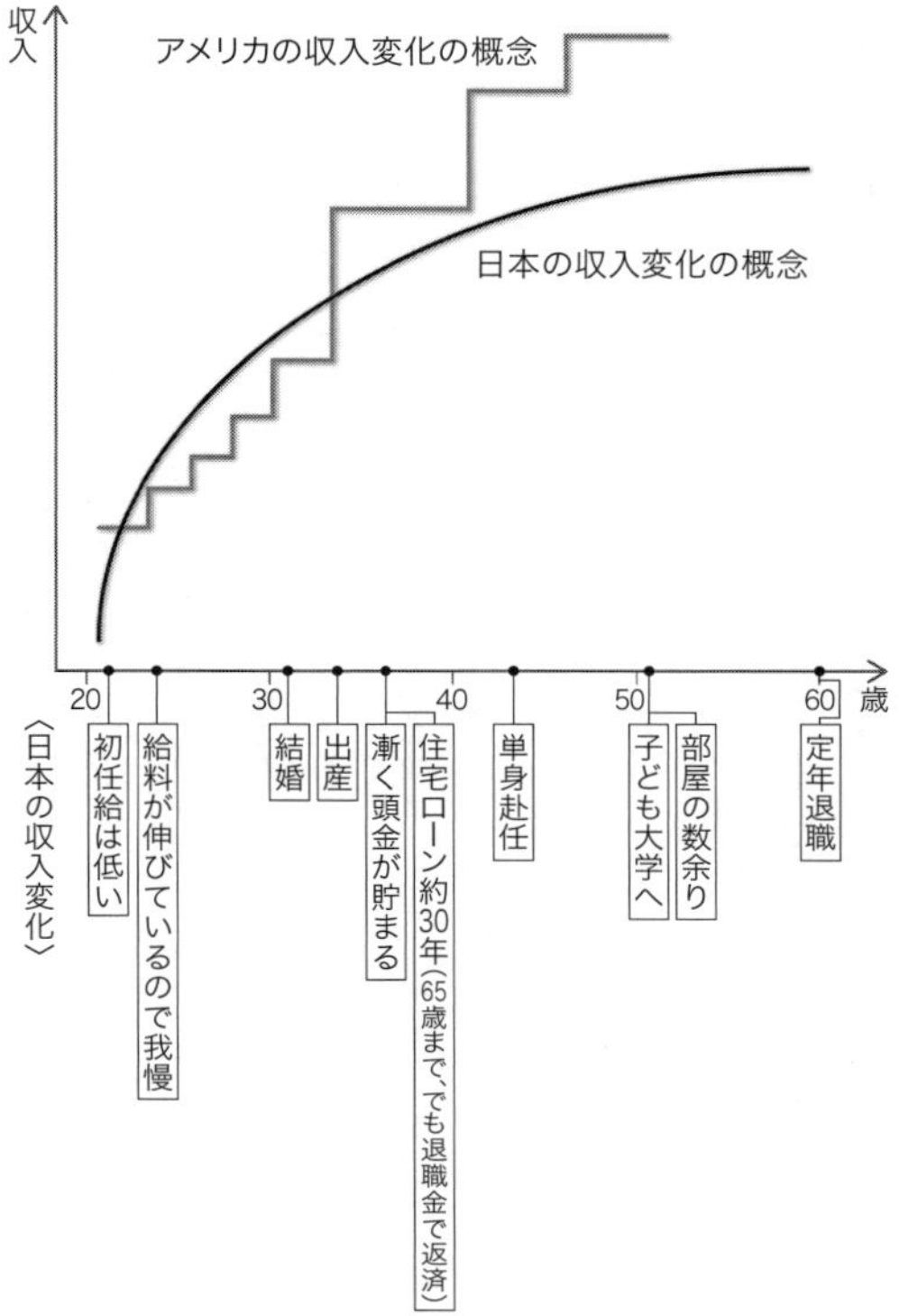

1-14　収入曲線イメージの日米比較

給料が伸びていくのが手に取るようにわかる。ここで少しずつでも貯金すれば、いずれは賃貸アパートを出て、憧れのマイホームを手に入れるための頭金が少しずつたまりはじめる。

そうこうしているうちに、彼氏や彼女ができて、三〇歳も過ぎたら結婚するかどうかの決断を迫られるかもしれない。だが、結婚してすぐにローンを組んで分譲住宅に引越すための頭金はまだたまっていないので、賃貸アパートで新居を構えることになりがちであろう。やがてこの賃貸アパートで子どもが生まれたとする。この現象を統計として捕捉しているのが、前項で見た賃貸アパートの居住者年齢構成のグラフ(1―13)だ。多くの子どもはアパートで生まれている。

子どもが小さいうちはいいが、あちこち駆け回るようになり、子どものためのスペースが欲しくなるころに、ちょうど住宅ローンの頭金がたまってくる。子どもが入る小学校も考慮に入れながら、入学までには住宅購入する場所を決めておきたい。そして満を持して、分譲の戸建てやマンションを買いに行くのである。

しかも、住宅ローンは最長で三五年間借りられるとはいうものの、三五歳の時点で借りれば、完済するのは七〇歳。六〇歳で退職し、それまでに繰り上げ返済を試み、退職金や親の財産をあてにすれば何とかなるかもしれないという見込みのもと、えいやっと、家を買うのが「三五歳と生まれたて」なのであろう。これより早くても頭金はたまらないし、逆にこれより遅いと、子どもは大きくなってしまうし、ローンの返済が年を追うごとに厳しくなる。

このようにして、後ろから前から条件づけられながら、日本では「三五歳と生まれたて」が分譲系の住宅を購入していると思われる。しかも、分譲系の住宅を供給する側の住宅メーカーも、マンションデベロッパーも、このことをよく承知していて、「三五歳と生まれたて」が一目ぼれするような、間取りやデザインに特化した商品のラインアップで攻めてくる。これに輪をかけて、政府の方では新築の住宅を購入すれば、長期にわたって節税対策になるというおまけも付けている。こうして日本では、官民こぞって、「三五歳と生まれたて」に住宅を買ってもらうことを前提に、経済のかなりの部分が回っているように見える。

アメリカで引越しが多いわけ

このようにして、「三五歳と生まれたて」が分譲された住宅を多く買うのだが、その住宅性能は建った瞬間が一番よいことが多い。逆にいうと、建った瞬間からどんどん性能が落ちていくことになっている。これは車と一緒で、買った瞬間が一番よく、性能も、中古の下取りの値段もどんどん落ちていく。近年ようやく、長期経過しているが高値を維持しているヴィンテージマンションや中古住宅を素敵に改修するリノベーション物件に人気が出はじめているが、多勢に無勢である。

他方で、アメリカ人の給料の変化の仕方は、日本とはかなり異なっているようだ。アメリカの初任給は、学費の高い大学を出ていても奨学金が返せるように、日本ほど低くは設定されていない。また日本と違って、同じ組織に勤め続けているというだけの理由では、給料は上がらない。自らの給料を上げようと思えば、転職するというのが一般的だ。

自分の能力と経験を相手側に売り込んで、より高い年収をくれる組織に乗り換える。日本でこんな振る舞いをしていると、なりふり構わない嫌な人間だとか、平気で組織を見捨てる人間だとか言われそうであるが、アメリカではそれが当たり前だ。ただ、次なる仕事は必ずしも今の家から通えるところにあるとは限らない。むしろ、引越しを前提に転職先を見つけるのが普通だ。だから勢い、引越しの回数も多くなる。

こうしたことを理由に、日本における一般的な給与の変化が滑らかなのに対し、アメリカでの給与の変化は階段状になる。一定の期間同じところで働いている間は歳とともに給料が上がるということがない反面、転職とともに、すなわち、引越しとともに給料が垂直に上がるという仕組みなのである。

また、アメリカでは三〇歳そこそこで家を購入する人も多く、日本よりも若い年齢層で持ち家取得となる。日本人のように、満を持して目いっぱいのローンを組んで、それまで育んでいたありったけの夢を一挙に実現しようとして、家を建てるわけではない。日本では「三五歳と生まれたて」のときに抱く夢を一挙に実現しようとするため、新築の家の間取りは、その世代に特化した間取りに固定される。子どもが大きくなったときのことまでは考えているかもしれないが、その子どもが出ていったとき、年老いた親と同居することになったとき、そして自らが年老いたときのことは、まず考えられていない。逆にアメリカでは、その時々の身の丈に合った買い物をするのが一般的だ。日本のように、３ＬＤＫの新築市場のみが、戸建て住宅のほとんどであるかのような市場は形成されておらず、新築や中古も含めて、多様な大きさや間取りや古さの中から、当人にとって適当な物件が選ばれる。

中古住宅が流通しない日本

アメリカでは、新たに住宅を建てる場合、必ずしも最初から完璧な住宅を建てないという文化もある。宅地を買い、その上に必要最低限の住宅を建てたあと、居住者は大工道具を揃えて、日曜日ごとに手づくりで、ガレージや地下室やジャクジー付きのプールや庭の芝生をつくり込んだりする。まさに住みこなしである。アメリカの古典的な父親像は、休みは家にいて、ガレージにある七つ道具をひも解いて、日曜大工をやったりペンキを塗ったりするというものだが、これは開拓以来のアメリカの住文化に根差している。だから、いわば日曜日ごとに家のグレードがアップしていくのだ。そして、そういう父親たちの日曜日ごとの努力を、住宅市場は無駄な行為だとは評価しない。

アメリカで住宅を売買する際には、たいてい「インスペクター」という住宅の価値を評価してくれる専門家が介在し、売却するまでに居住者によってなされたメンテナンスの分や、増築や設備の追加設置などの分も考慮に入れて、値付けがなされるのが普通である。つまり、住んでいる間に住宅に追加投資された分を適正に評価してくれるのである。だから、手入れのよい家では、買ったときの値段よりも、売るときの値段がしばしば高くなったりする。

逆に日本では、家の値段は買ったときが一番高く、三〇年もするとほぼ無価値と判断されることが多い。さらに、アメリカでは百年以上経ったような物件に至っては、歴史的な価値も評価に加わり、売買価格がさらに高くなったりする。ニューヨークの一九一〇年代や二〇年代に建った集合住宅は、「プレ・ウォー(戦前)物件」と称され、戦後の安価な素材やデザインよりも好ましく評価され、たいていの戦後物件よりも高い値段で取引される。

それではなぜアメリカでは、このように中古物件の流通が盛んで、日本のように時が経つほど評価が下がるということがないのだろうか。その理由は、上述したアメリカ人の給料の変化と関わりがあるように思われる。給料を上げるためには転職しなければならない。転職するためには引越さなければならない。このときに、日本のように時間経過とともに家の評価額が下がるのでは、誰も引越しをしようとも思わないし、したがって、誰も家を建てようとも思わない。大借金を背負って買った家が何分の一の値段でしか売れないなら、転職するごとに借金が増えて、生活が成り立たない。そのためにアメリカでは、住んだ家の価値を高めるような行為はちゃんと認めようということで、インスペクション(査定)制度が構築されてきたのだろう。

それゆえ、アメリカでは常に自分の家と庭をメンテナンスすることに余念がない。これは単に日曜大工が好きなだけではないのである。自らの資産の価値向上に余念がないのである。また、住宅地の中に変な姿かたちの住宅を建てようとすると反対される。それは単なるわがままなのではなく、査定ではその家の周りの環境も併せて評価されるからである。家屋敷の面積と築年数でのみ、住宅の価値が決まるのではなく、その住宅が建つ町の環境も重要な価値指標なのである。

こうしてアメリカ社会では、中古住宅市場が成立し、その中で多様な種類の住宅が供給され、いつ何時転職のために引越しする事態となっても、比較的容易にそれが達成される。その結果、アメリカの住宅は建物として長寿なのである。日本のように相続税対策のために、まだ住める家を壊すなどということはないのである。

3　町の機能の多様化

住宅用途から非住宅用途へ

前述のように、日本では住宅そのものの価値は残念ながら経年的に下がっていくのが通例であるが、住宅地全体の評価はどうか。多くの町は建った瞬間は非常に未熟な町として出発して、そこから、住んでいる人たちのいろいろな働きかけによって町自体が成熟していく側面が強いのではないかと考えている。

時間軸に沿って町の変化をながめてみると、年齢構成以外に、「町の機能の多様化」という現象が見えてくる。新規供給された住宅地の多くでは、建設当初に想定されていなかった機能や用途が、時間をかけて町のあちこちで見られるようになる。当初の計画にはなかった「想定外」の出来事が、町の機能を少しずつ多様化しているのである。

1‐15は、東京近郊に一九七〇年代に建設された住宅地の、約二五年後の様子である。計画当時、この団地は戸建ての分譲住宅で埋め尽くされることが想定されていた。その真ん中には、センターと呼ばれる商業エリアが計画され、ショッピングセンターと何軒かの個人商店からなる商店街がつくられた。その隣には、将来子どもが増えるのを見越して、保育園用地が確保された。この住宅地の約二五年後の姿を、町の機能という側面から見てみよう。

戸建て住宅しか建たないはずだったところにも、タバコ屋、酒屋、美容院、教室などの住宅地によく馴染む商店が立地している。その分布を見てみると、町のあちこちに、まるで、ばらまかれたかのように点在している。一般に、良好な戸建て住宅を中心とした町をつくる際には、行政が行う都市計画上の用途規制がかけられ、いちばん制限のきつい、第一種低層住居専用地域(よく、一低と略される)が適用されることが多い。この規制では、建物用途が主として住宅用途に限定されるのだが、例外規定があり、住宅兼用で、非住宅部分の床面積が五〇平方メートル以下で、延べ面積の二分の一未満のものであれば、住宅以外の住宅地にふさわしい用途として使うことが原則、認められている。

こうしたことで、時が経つにつれて、自然と、この住宅に必要な新たな非住宅機能が追加されていったということである。逆にいえば、追加された非住宅用途は、その後の団地生活の変化にとって欠かせない機能を、時間とともに、この町に提供してきたのだとも言いうる。つまり、未熟な状態で出発した住宅地が、時を経るとともに、「三五歳と生まれたて」の世帯の変化形である、「四〇歳と小中学生」「五〇歳と高校、大学生」などといった世帯のニーズにも対応できるように成長したのだととらえることも可能だ。こうした新たな機能や用途が町のあちこちに出現し、少し歩けば住宅以外の機能に出くわす、という感じになっているのである。この町の変化の法則は、このまま進めば、高齢化が進む団地のあちこちに、高齢者向けのちょっとしたサービスや、居場所がこの延長上に提供されていく可能性をも示しているといえよう。

住宅以外の用途も変わる

一方で、センターとしてつくられた商店街では、スーパーが撤退してしまっている。「三五歳と生まれたて」が主流であったできたての団地のスーパーは、当初の二〇年くらいは購買力旺盛な居住者によって支えられる。しかし、二五年も経つと、団地に住む親世帯は年金生活にシフトし、子どもが町から出ていって半減するために、それまでの購買力が望めなくなる。また、奥さんも子どもも車をもつようになると、団地外のショッピングセンターに行くようにもなり、スーパー撤退となるのである。

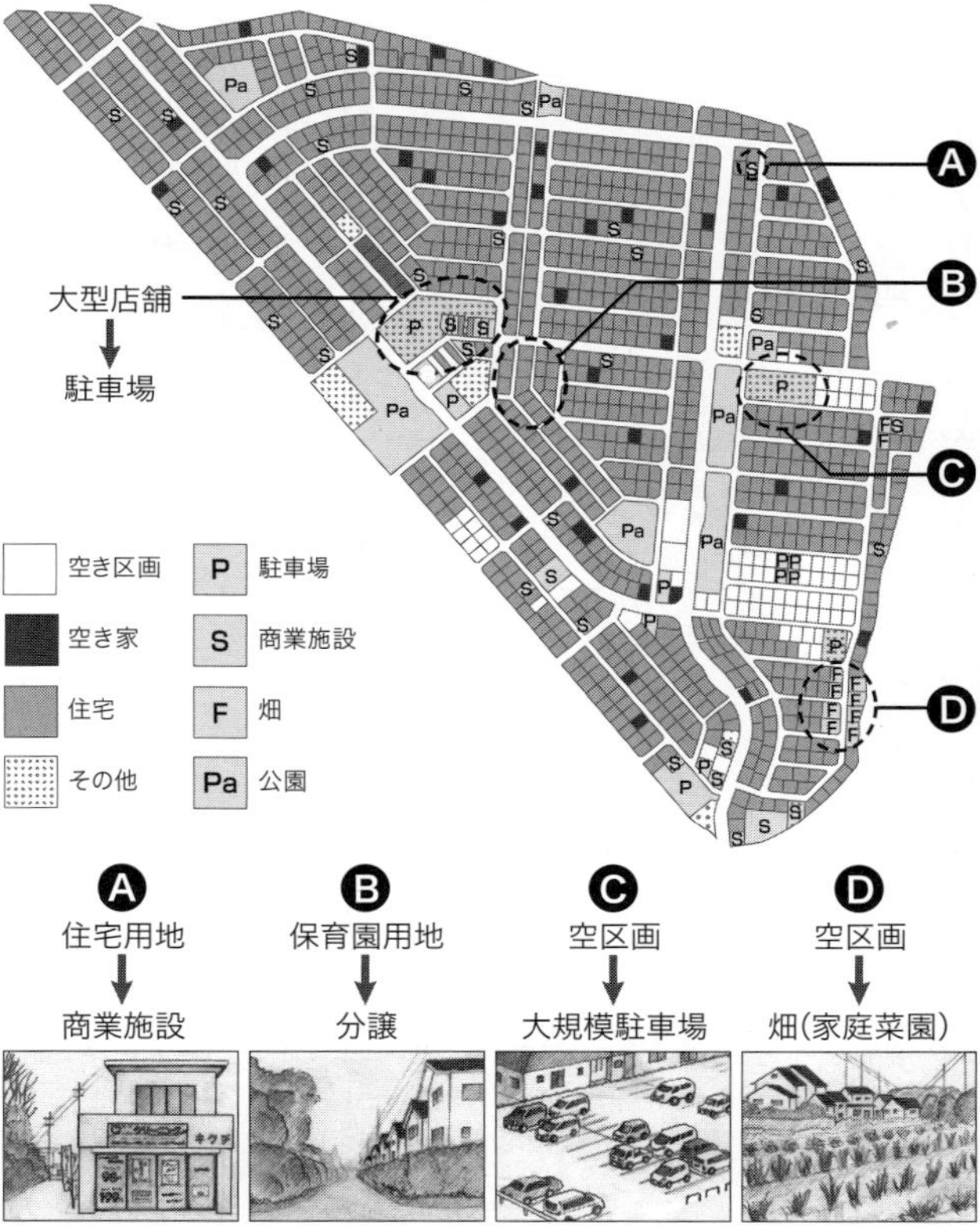

1-15　機能が多様化した住宅地の例

そして、スーパーの跡地は、奥さんや子どもが車を運転するようになった世帯のための駐車場となる。スーパーの周りの個人経営の商店も、居住者の年齢層や世帯構成の変化に応じて徐々に変わっていくのだが、少しばかりの店種の入れ替えはあるにせよ、店主の才覚によって、変化する居住者ニーズに応じたサービス提供ができているところは生きながらえている。

団地開発業者から行政に提供された保育園用地に目を向けると、いつの間にか民間に払い下げられ、普通の戸建て住宅が建設されている。これも当初の設計図にはなかった変化である。このように、建つべき予定であった学校施設がとうとう建設されずに、民間に売られていくということは、保育問題がクローズアップされるまでは、全国で普通に起きていた。

また、空き家もあちこちで増えている。ただ、空き家の存在そのものが一方的に悪いわけではないことは、ここで強調しておかねばならない。町全体の五%から一〇%程度の空き家の存在は、町全体にとっては重要なのである。なぜなら、それがないと人びとのスムーズな移動が担保できないからである。ある程度の空き家があってはじめて、新たな居住者はこの団地に移り住むことができるのである。

そして、空き地というのも郊外団地にとってはつきものの現象である。この団地では二種類の空き地を発見することができる。いったん開発事業者から売りに出され、誰かに購入されたものの、転売目当てだったのか、自らの老後の引越し先用にとっておかれたものか、ともかく家が建たなかった区画が、あちこちに存在する。これが一つ目の空き地。これは、単に空いているのではなく、近隣の居住者に家庭菜園として、あるいは駐車場として、利用されているケースが多い。逆にいえば、住宅が建つはずだった空き地でも、違う機能を発揮して居住者の役に立つ場合もあるということである。二つ目の空き地は、開発事業者が売ろうと思っても売れ残ったひとまとまりの空き区画である。この場合は、地元の不動産屋などが一括で買い上げ、まとめて広い駐車場となったりしている。

このように、たいていの団地というのは、当初の設計図通りには家は建たないし、建っても、時間が経つにつれて違う機能に置き換わったりするものである。それでは、こうした時間変化による町の変容は、当初の計画からずれているという理由で、失敗というべきなのだろうか。もちろん、土地が売れなかったり、家が建たなかったりして、当初見込んだ通りの売り上げが確保できなかったかもしれないという意味では、事業的に失敗だった点があろう。

しかし、これを居住者の立場から見たらどうだろうか。団地の隅から隅まで、似たような住宅ばかりが軒を連ね、その間に空き地も店舗もないような息の詰まるような町ではなく、「町角のタバコ屋」みたいな形で、町のところどころに住宅と馴染みのよい商店や教室があり、たまに空き地で家庭菜園がなされていて、買い増しした車の置き場にもそんなに不自由しない。こうした点では、当初は、ぎこちなく未熟であった団地が、多様な世代に住まわれるための多様な機能を時間とともに獲得し、成熟した町に成長したともいえるのではないだろうか。

まちなみのルール

ところが、日本にできた多くの団地では、こうした町の多様性を極力排除することを指向しているようだ。先述のように、戸建て住宅を主体とした良好な環境の住宅地をつくる際には、たいてい都市計画によって第一種低層住居専用地域という、建物の高さや形状、用途を規制するルールがかけられる。このように行政が都市計画の一貫として、地域によって目指す環境を定め、それを実現するためにエリアごとに建物の形状や用途に制限をかけることを、「用途指定」という。一低の場合は、戸建て住宅を中心とした、日当たりのよい、閑静な住宅街の環境を守るために指定されるものであり、こうしたルールがなければ、いつも隣近所でもめることになりがちだ。こうした適度な異種用途制限が重要なのは間違いない。

用途指定だけでは万全でない場合もある。前述のように、一低の指定を受けていても、法の許す範囲で併用住宅の建設が可能であり、場合によっては、二世帯住宅や長屋やアパートも建設可能なのだ。ところが、日本では良好な住宅地というのは、端から端まで似たような大きさの住宅がずらーっと連続して、戸建て住宅以外の建物が一軒もないのが、いい住宅地だという観念が強烈にあるらしい。より徹底した用途純化を目指して、「建築協定」や「地区計画」という、用途指定に上乗せするような形での規制を強める場合がある。たいてい、こういう上乗せ規制では、住宅以外の建物を建たせないようにする傾向がある。

建築協定というのは、建築基準法に規定されており、市区町村の条例に基づいて住民どうしで締結するルールで、指定されたエリアに建つ建物形状や用途を事細かに指定することができる。ただ、有効な罰則がないので、限りなく紳士協定的な位置づけであり、協定の期限が来れば、更新しなければならない。

これに対して地区計画は、行政が都市計画として定めるものであり、一定のエリアについて建物の建ち方や用途を規制し、そのエリアが目指す将来像に即した建築物しか建たないようにするための規制である。これは、行政のルールなので、これに反した建物は建てられないし、都市計画変更をしない限り永続する。ただ、建築協定ほどは、建物の色形について細かに指定はできない。

このほかにも、住宅地の景観や居住環境を守るために、景観協定や緑地協定などといったほかの手法を使って、さまざまに規制がかけられることがある。こうした居住環境の協定は、そこに住む居住者が主体となって運営されることが多い。ただでさえ、蜘蛛の巣のような電線と電信柱で見た目が悪い住宅地を、少しでもより良くしようという居住者たちの地道な努力に対しては、本当に脱帽の思いである。こうした住民や行政の努力が、日本住宅地の町の景観を底支えしている面も大いにあることは、記憶にとどめておかねばならないだろう。まちなみの形成に関わるこうした、居住者主体の努力については、手放しで応援したいのだが、私としては無造作な用途規制に関しては、少し留保する立場をとりたいと思っている。

自縄自縛な用途規制

以前、建築協定を守りながら立派なまちなみを堅持している、いわば、まちなみづくりの優等生のような団地の自治会役員たちに、インタビューをしたことがある。長年にわたって、建築協定運営委員会を組織し、事業者によって開発された良好な景観をただ維持するばかりでなく、向上させようとする大変立派な活動であった。しかし、ここでもご多分に漏れず、町の中に住宅以外の用途を認めていなかった。

その運営委員会の近況を伺ったときのこと。最近、あるお宅の奥さんから、子どもが巣立って広くなった自宅を改修して、近所の人が寄り集まれる小さなカフェのようなものをつくりたいという相談があったという。だが、建築協定では喫茶店のような店舗は禁止されているので断ったというのだ。別の話としては、近所の皆さんに「お店みたいに美味しいわね」などと言われるくらい料理が得意な別の奥さんが、家のリビングを少しだけ改装して、近所を中心としたごく少数のお客さんを相手にした家庭料理店を開きたいと言ってきたが、これも建築協定を理由に断ったというのを聞いた。

この団地もかつては「三五歳と生まれたて」ばかりの世帯で構成されていたが、今では高齢者世帯が多くなった。世間では、高齢者がなるべく長い間、自宅を中心とした住み慣れた環境で暮らし続ける「Aging in Place」がテーマとなっており、このために、自宅をコミュニティカフェや近隣のたまり場とする改修が積極的に進められているところもある。しかしこの団地では、よかれと思ってつくった協定が、高齢者が快適に住み続けられる自主的環境づくりを阻害している、自縄自縛的状況が見られるのである。

別の、まちなみが美しいことで有名な大規模団地では、団地の中にお店がほとんどない。私がその自治会の役員に、「居住者が高齢化して、車に乗って買い物に行けなくなると、買い物難民になったりする危惧はないですか?」と聞くと、「私たちは店が一つもない住環境がよいと思ってここを買ったんだ。日本の有名な高級住宅地には店が一つもないだろう。だから私たちはこの団地に店は要らないと思っている」というお返事だった。確かに、戦前から名高い高級住宅地には店はほとんどないだろう。なぜなら、店の方がご用聞きの形で住宅にやってくるからである。しかし、残念ながら戦後開発されたような団地では、車に乗れなくなった住民のところに、店からご用聞きにやってくるようなことは望めないだろう。

端から端までだいたい同じような広さの敷地に、同じような背格好の住宅、そして、同じような年頃の居住者、そして店は一軒もない、こうしたモノトーンな高級住宅地のイメージが、昭和戦後期に日本にあまねく普及したのだと思う。多くの昭和のお父さんたちは、こうしたところに「庭つき一戸建て」を建てることを夢見て頑張ってきたのだろう。そのことを否定するつもりは決してないのだが、この超高齢社会を乗り切るためには、この昭和モデルの住宅地から、少しばかり町をつくり変えていった方がよいように思うのである。

町の成長

町が超高齢化の実態に合わなくなってきているにもかかわらず、モノトーンな住宅地の環境を守るために、よかれと思って設定された建築協定や地区計画が、町の成長を阻害している側面があることを見てきた。「三五歳と生まれたて」をターゲットに開発された新規開発団地を、できたてのままに維持しようという発想がこの原因の一つなのだと思う。

公園や街路樹や個々の住宅の敷地の緑は確実に成長し、一五年もすれば剪定や伐採が課題になるほど、町の風格を底上げしてくれる。時間とともに緑は確実に成長する。逆に住宅に関しては、車と同様に新品のときが一番性能も良く、値段も高いという発想が、町にも適用されているようだ。住宅にどんなに手をかけても、資産価値が上がりにくい日本の住宅は、住民によって手入れされるという文化を基本的に失い、住宅は劣化するに任せられる。たまに台風があったりすると、思い出したように修繕されるが、長期計画にもとづく修繕はほとんど見かけない。つまり、行き当たりばったりに修繕されるのである。この点が、長期修繕計画がようやく一般的となった分譲マンションとは決定的に異なる。

また、団地では築二〇年あたりから、ローンの返済が済んだ住宅が建て替えられはじめる。このときに、建築協定や地区計画を適正に運用し、建て替えによって北側の住宅の日照や景観を阻害しないようにコントロールしたりすることは、極めて重要なことだ。このような建物の形態規制は、時とともに変化する居住環境によって近隣の居住環境が激変するのを防いでくれる側面がある。

一方で、町が高齢化していくと、若いときの暮らしとは異なるニーズが生じてくる。端的にいえば、高齢者の行動範囲が狭くなるのである。車や自転車にしだいに乗れなくなる。散歩も遠くまでは行けなくなる。通常、幼児や乳母車を押すお母さんが気軽に移動できる距離は四〇〇メートルくらいとされてきた。これが、乳母車を手押し車代わりに移動しなければならない高齢者では、せいぜい二〇〇メートル程度が精一杯であろう。ここですでに、近隣住区論的な近代住宅地計画論が破綻しているのである。生活に必要な機能が、自宅の近くに存在することが、今の住宅地づくりの重要なコンセプトにならなければならない。

建築の形態規制で町の物理的な環境を維持しながらも、超高齢社会でも住み続けられるように、町の社会的な環境を変えていく必要があるのではないか。町に必要な機能を今一度見つめ直し、町の成長をコントロールしていくことこそが必要なのである。必要なのは、排除ではなくコントロールなのだ。

嫌われる賃貸アパート

ところが、世の中には「NIMBY《ニンビー》施設」というのがある。ニンビーとは、Not In My Back Yard の頭文字をとったものだ。その施設が町のどこかに必要なことは理解できるが、自分の家の裏には建ててほしくない施設、という意味だ。これは、町づくりの議論において、総論賛成、各論反対の場面で、よく話題になるような施設である。墓地や、火葬場や、ゴミ処理施設など、今や保育園や高齢者施設すらも、ニンビー施設の仲間入りをしようとしている。

本書は、ニンビー施設の是非を問うことを目的とはしていないが、住宅地においても、ニンビー施設のような取り扱いを受けるような住宅があることに注目したい。その代表格が共同住宅である。一低の用途指定を受けた住宅地で、建築協定や地区計画を上乗せする際に、共同住宅が立地できないことにしているケースが多い。

共同住宅は、賃貸の場合も分譲の場合もある。賃貸の場合は、俗にいう賃貸アパート、分譲の場合は、俗にいう分譲マンションが該当する。二〇〇〇年ころまでは、マンションといえば分譲マンションを意味したものであったが、現在はRC造や鉄骨造の共同住宅であれば、賃貸／分譲の別を問わずマンションと呼ぶようになってきているのでややこしい。さてこの共同住宅という用語は、建築基準法上の用語であり、共用廊下や共用階段やエレベーターといった、居住者が共同で使う空間や設備を有した建物を指す。賃貸か分譲かは区別されない。

建築基準法には別に、「長屋」というカテゴリーもあるが、これは壁や屋根といった建物の一部の構造部分を共用はしているが、日常生活上ご近所さんと共用する空間がないものを指す。

火災などの際に共用の廊下や階段などを使わなくても、避難できる場合だ。この共同住宅と長屋を総称して、俗に「集合住宅」というのだが、これは法律用語ではない。

このような共同住宅が、戸建て住宅を中心とした良好な住宅地にあってはならないという規制が多いわけだ。中にはさらに一歩突っ込んで、長屋や二世帯住宅すらもダメだというところもある。二世帯住宅は建築基準法に規定がないので、ご丁寧に「一棟の住宅に二つ以上の玄関を有するもの」などと定義しているところもある。では、このような戸建て住宅以外の建設をいっさい認めない住宅地がいい住宅地だという観念は、どこから生じたのだろうか?

残念ながら、その明確な理由をもち合わせていないが、いくつかの類推はできる。ここで規制の対象となっているのは、明らかに賃貸アパートの類であろう。たいてい、そういうところには若者が住み着く。当然入れ替わりが激しく、住民票を移していない場合もあったりするので、行政からは相手にされにくい。自治会に入っていなかったりもするので、自治会からも相手にされない。そのくせ、ゴミは決められた時間に出さないし、夜遅くまで音を出して活動し、自転車や車は置いてはダメな場所に置く。ご近所との面識もお付き合いもない。挙げ句の果てには、得体の知れない人物が出入りするような不可解な場所だと、近所の目には映る。おおむねこんな具合で、賃貸アパートは地域から嫌われていく。

また、景観上も問題になることが多い。一低の用途地域ではたいてい、一二メートルとか一〇メートルの絶対高さ規制があるのだが、しょせん家主にとっては商売なので、土地を目一杯有効利用するために、敷地の端のギリギリのところまで、そしてギリギリの高さまで建てる。さらに、ほとんどが「安かろう悪かろう」精神ばかりが発揮され、デザインをいっさい考慮しない建物である場合が多い。一世一代の大借金をして、ありったけの夢を注いで丹念につくり上げた、家や庭が連担するところにこんな建物があっては、見るだけで不愉快だという気持ちは、わからないでもない。

おそらくこんな経緯で、賃貸アパートが存在しない町が良好な住宅地だということになったのだろう。実際、東京二三区ではもれなく、賃貸アパートを含むワンルームマンション規制条例やそれに類する規制を行っている。そうした条例を有するある区で、条例制定の経緯を議会録等で調べてみると、得体の知れない人物がうろうろするのがけしからん、というのが条例制定のモチベーションだった。このことは、現在取りざたされている民泊問題と共通するところもある。

異種排除という課題

しかし、これまでに見てきた通り、賃貸アパートは、戸建て住宅や分譲住宅とはかなり異なる住民層を受け入れる器として機能している実態がある。このことを、今後の町のつくり変えに、有効に活かす可能性は十分にあると考える。

若者の振る舞いや生活習慣が、その祖父母の世代のそれとかなり異なることは、厳然たる事実である。アパートがけしからんと言っている地域の人びとも、かつてはこうした若者だったのではないか？　明治生まれのおじいさんたちも、敗戦前後生まれの若造の振る舞いを苦々しくは思いながらも、包容力豊かに、見守ってきてくれたからこそ、かつての若者は、安い賃貸住宅住まいで庭つき戸建て住宅を買うローンの頭金をためることができたのではないか。

今、日本社会のさまざまな場面で問題になっている包容力のなさ、不寛容の精神が、賃貸アパート排除につながっている側面は否めまい。ただ、辛抱しなさいというだけではダメで、アパートに住む人びとに、管理人さんなどを通して地域のルールを教えてあげる優しさや、まずは自治会に学割値段でも設定してあげて、地域のハロウィンや餅つきで若者が少し晴れの舞台に立てるような行事運営などが考えられてもよいだろう。かつての町や村のお祭りは、はっちゃけた若者たちが表舞台に立つことを許容していたのではないか。

一方で、安かろう悪かろうといったアパートの見た目はどうするのか。これこそ建築家の出番である。バブルがはじけて以来、日本の若手建築家は、世界に伍するデザイン能力を有すると何度もほめられてきた。しかしながら、不況の日本ではあまりいい仕事にありつけていない。特に、個人事務所を経営する若手建築家で、比較的安い値段で、地域に馴染むかっこいいデザインができる人は多い。こうした若手建築家に地域の実情を相談すれば、その地域にフィットする、若者にも子育て世帯にも老人にも好かれるような、ちょっと気の利いたデザインの集合住宅を、比較的簡単に設計してくれるだろう。彼らを数人呼び集めて、コンペ（設計競技）をしてみんなで選んでも良いかもしれない。

このように、できるだけお金のかからなさそうな工夫と努力で、町を少しずつつくり変えていく方策だってあるに違いない。排除とコントロールは違うのだ。排除の道を選んでしまえば、町から多様性も排除されていく。逆にコントロールの道を選んで、多様性のある生き方を許容する町を目指そうじゃないか、というのが本書で呼びかけたいことの一つである。

ただ相続税の節税対策のためだけに、空き家になるとわかっている賃貸アパートを次々に建てていくのは、さすがにいかがなものかと思う。明らかに地域社会のことは考えられていない。そこで考えられているのは、金勘定のことだけなのではないか。

第二章　家族

十家族十色の暮らし方

1　住まい方は家族それぞれ

家族と世帯は違うのか

町を住みこなす主体はそもそも何だろうか。家族であるには違いないが、そもそも家族とは何だろうか。世帯というものと違うのだろうか。結論からいえば、家族については法的に明確な定義はない。だが、世帯については国勢調査に絡んだ定義がある。同一の生計で(同一生計要件)、同じ住居に住んでいる人びと(同一居住要件)は、同じ世帯であると認識される。このため、住民票を移さずに田舎から都会で一人暮らししている大学生は、田舎の家族とは異なる世帯としてカウントされる。また、娘夫婦と同居しているおじいちゃんでも、生計が別であれば、別の世帯としてカウントされる。

こうして世帯は、国勢調査をはじめとする行政統計データの基礎資料となり、一方で、税金徴収の単位としても機能する。このため、行政にとって大事なのは家族そのものではなく、世帯となる。この世帯が、近代における住宅供給の単位となっているのである。

一方で、日本の民法には親族の規定があり、いわゆる法定血族が定められている。法定血族は、六親等内の血族、配偶者、三親等内の姻族(結婚でできた関係)となり、幅広く定義されている。これらの人間関係は、例えば財産等の「相続」に深く関連することになるが、日常生活上はあまり意識しない関係かもしれない。

これに比べて家族という言葉は、各人各様で定義が異なる。一般に、欧米人は比較的、家族と認識している範囲が小さく、アジア人はその範囲が広いといわれることがある。ヨーロッパであれば、アングロサクソン系は古くから核家族によって構成され、家族の範囲が狭いようだ。このことは、歴史人口学者エマニュエル・トッドが指摘してきたことだ。逆に、ラテン系は家族の範囲をより広くとらえる傾向にある。映画『ゴッドファーザー』の世界だ。

文化によって異なる家族

この章では、「近居」という現象に注目してみたい。近居とは、まだ元気な初老の親世帯と子育て真っ盛りの若い共働きの子世帯が「スープの冷めない距離」で暮らし、互いに行き来できる範囲で助け合い、見守りながら暮らすというのが、その典型例である。近居の場合、そもそも異なる住居に住んでいるので、当然、同一居住要件によって親世帯と子世帯は別の世帯として行政に認識される。

しかし、近居をしている世帯どうしには、互いに「一つの家族」としての感覚が生じる場合も多い。特に、親世代と孫世代の仲がいい場合には、孫はおじいちゃん、おばあちゃんを家族の一員と認識していることが多い。バブル経済がはじけて以降、日本では専業主婦が減り、共働きが増えたことも手伝って、こうした近居が自然発生的に増えてきているようだ。

だが、こうした日本における近居の現象を、私がイギリス人の研究者の前で説明したら、かなり不可解な顔をされた。家族の範囲が狭く、家族が自立していることが前提の文化圏では、子育てや高齢者介護の課題は、家族内で解決すべき問題ではなく、国家の課題として取り組むべきだという、大変まっとうな意見が返ってくる。私はこれに対して、イギリスの著名な社会学者であるピーター・タウンゼントが一九五七年に著した報告書を見ても、ロンドンで一人暮らしの高齢者が一見孤独に住んでいるような状況でも、近所に子ども世帯が結構住んでいて、時どき会ったりして支え合っているではないかと反論した。すると、「それはイースト・ロンドン(低所得者が多く住むところ)だからそうなのだ」という返事であった。同じイギリス人でも、社会階層によって、家族のありようがずいぶん違っているらしい。

ところが、イタリアなどに行くと、町や村の中のあちこちに、親世帯、子世帯、兄弟が少し離れたところに住み合っていて、彼らは当然お互いを「家族」だと認識している。ことほど左様に、家族というのはその与えられた文化状況によって、定義が異なり、家族のメンバーどうしの付き合い方も相当に異なっているということがわかる。

アングロサクソン風に考えれば、家族は限りなく日本で使われている「世帯」となり、この世帯と住戸を一対一の対応関係で見ていけば、世の中は単純であり、住戸の過不足数の推計も大変簡便である。しかし、ラテン風の家族を前提に見ていくと、世帯と住戸の関係はなかなか一筋縄ではいかない。複数の世帯どうしが、一つの家族としてのまとまりをもつことがざらにあるからだ。以下、日本における「家族」が、「世帯」とは異なるやり方で、住宅を住みこなしている様子を、いくつか見ていこう。

戸建て住宅を超える集合住宅の住みこなし

同潤会アパートの住みこなしの一端については、本書の「はじめに」で、私の卒業論文でとり扱った事例の紹介を試みた。ここでは、私が修士論文でとり上げた、もっとダイナミックな事例を紹介してみたい。墨田区の柳島アパートで一九九〇年に見られた事例である。

このアパートは、一九二七年に住みはじめられたRC造三階建ての住棟が六棟並んだ団地だったが、四五年三月の東京大空襲の際にRCの躯体を残してまる焼けとなった。電気、ガス、水道の一切が使えなくなったアパートでも、屋根があるという理由で、やがて近隣で焼け出されたたくさんの人びとがここに移り住むようになった。

当時、屋根のある家自体が貴重だということで、焼け残った住宅の特別にいいものはGHQに接収され、米軍将校向けの住宅などに使われたが、柳島アパートのように焼けてしまったものは、復興に必要な官公署の職員の社宅として使われるケースが多かった。ここで紹介する事例は、こうして入居した家族の話である(2−1)。

この家族が一九四五年に入居したときは、父親と若夫婦の三人暮らしであった。一つの共用階段室を、各階三戸、三階建てなので合計九戸の住宅で取り囲むところの、一階の部屋(住戸A)からのスタートであった。がらんどうの部屋の中に、焼け跡から拾ってきた畳を数枚敷いて、焼け残りの木材で部屋を仕切って暮らしていた。当然、水も電気もないので、二七年の開設当初は自慢の種だった水洗便所も使えず、町内会では住棟間の空き地に共同便所をこしらえていた。その近くには、共同の流し場も設置された。ガス管はあるがガスの供給がないので、ご飯の煮炊きは、土間となった台所に七輪をもってきて行われた。

やがてここで三人の娘が生まれた。このころには、水道、電気、ガスは復旧し、住宅の中で

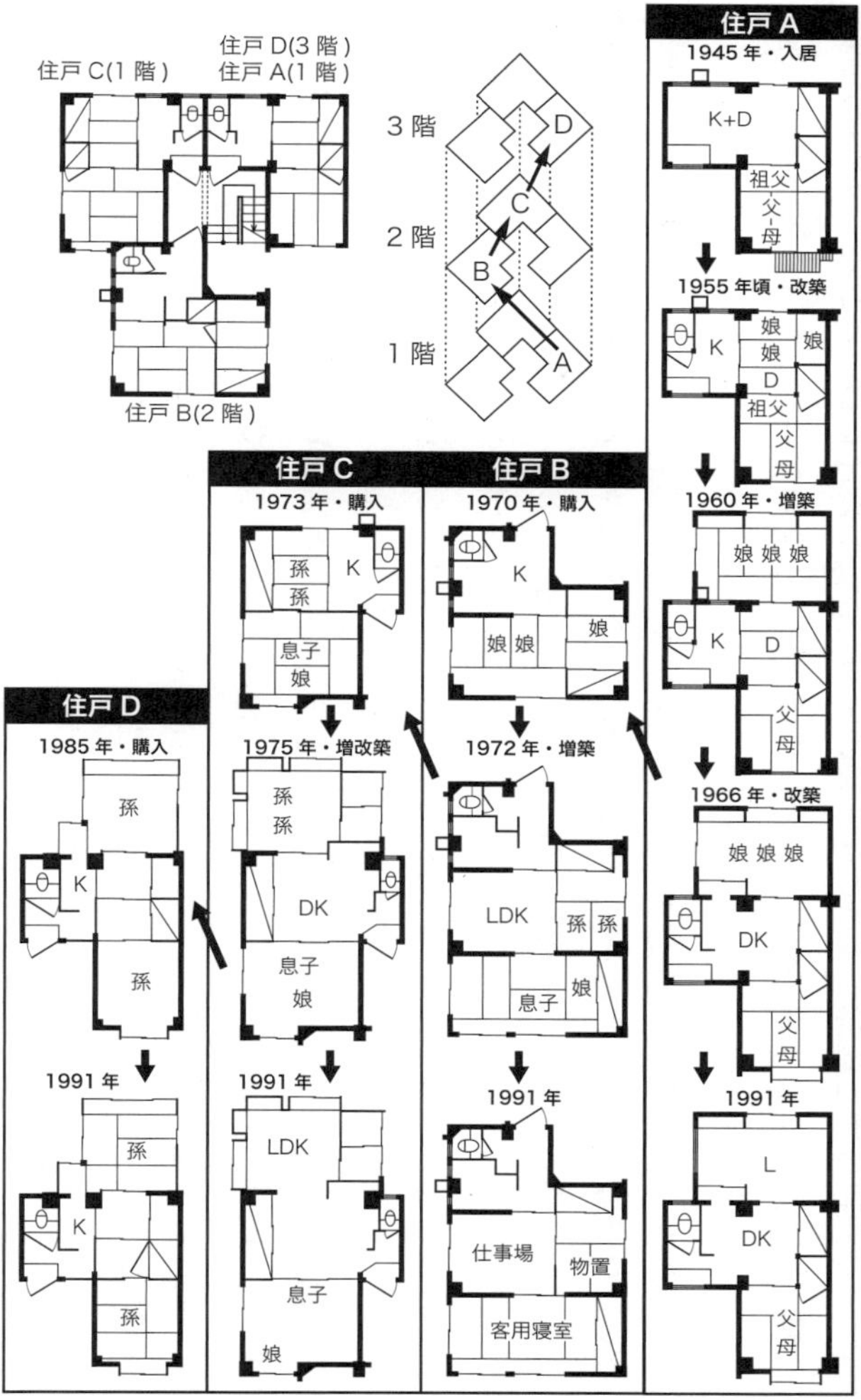

2-1　同潤会柳島アパートの例

生活が完結するようにはなったが、何せ狭い。四畳半には、父親と若夫婦。三畳には三人娘が寝る。三人のうちの一人は、押入の上段をベッド代わりにして寝ていたそうだ。

一九六〇年になると、あまりにも狭いので六畳を増築し、そこを三人の子ども部屋とした。ここでようやく、子どもの寝る部屋でご飯を食べていた家族は、食事室と寝室の分離に成功したのであった。これを「食寝分離」という。この食寝分離は、戦時中から研究されていた最小限住宅の、満たすべき要件として建築学者の西山夘三《うぞう》によって唱えられていて、戦後の公共住宅はほぼこの原則にしたがって建てられていった。この家族は、戦後一五年を経てようやく、最小限住宅の目指す食寝分離という水準にたどり着いたのだ。ちなみに、このころ父親は故郷の長野に引越したので、五人家族となっていた。

一九六六年には、台所と三畳の茶の間が改築され、憧れのダイニングキッチンとなった。それまで畳に座って食事をしていたのが、このときからテーブルと椅子に座る食事となった。日本住宅公団が流行らせたダイニングキッチンが、このころようやく庶民の家々で実現していったのだ。こうして、設備は整ってはきたのだが、だんだん大きくなる三人の子どもたちの部屋が六畳ではやはり狭い。どうしようかと思っていたところ、七〇年に同じ階段室の二階の住戸(住戸B)が空いたので、ここを買い取り、子ども部屋とした。一階は両親の部屋で、二階が三人の子ども部屋。そこで繰り広げられる生活は次のような具合だった。

娘たちは朝起きたら、二階で顔を洗って、一階で朝ご飯を食べたあと、二階にかばんをとりに行き、一階に戻って「いってきます」と言って、学校に行く。そして、学校から戻ってきて一階に「ただいま」と言って、二階に行って勉強する。そのうち、一階から母親が「ご飯よ」と言うので夕食を食べに行く。内風呂は最初からないので、食事を食べ終えると、みんなで「お風呂に行こう」となって、銭湯に行く。銭湯から帰ってきて、しばらく一階でテレビを見ていたら、「まだ勉強が残ってた」と言って、二階に行って勉強してそのまま就寝。

こう書いてみると、一階に行ったり、二階に行ったりと、なかなか大変そうな暮らしではある。だが、よく考えてみると、こんな生活のし方は、一階にＬＤＫと両親の部屋があって、二階に子ども部屋があるような、ごく一般的な戸建て住宅で繰り広げられる日常生活とほとんど変わりがない。ただ、戸建て住宅の場合、一階と二階をつなぐ階段が家族専用の階段であるのに対し、ここではアパートの階段が共同階段であり、たまにこの階段でご近所さんに会ったら、挨拶しなければならないことと、はきものをはかねばならないところが異なっているだけだ。

こんなふうに、集合住宅の中に戸建ての生活をすっぽり入れ込みながら、この家族の生活が成り立っている。つまり、集合住宅に戸建て住宅の暮らしが内包されているのである。

その後、三人姉妹のうちの二人は嫁いで家を出るのだが、一人はここに残り、ここで結婚する。そして二人の子どもが生まれ、二階の住戸Bは親子四人で住まわれるようになったが、やはり狭いので、すぐに六畳程度の増築をするようになった。

しかし、若夫婦としては、何とかして自分の家をもちたいという願望があり、いろいろと物件を探していたところ、たまたま、同じ階段室の隣の家(住戸C)が引越すというので、七三年に買い、二年後には内風呂を増築し、一階に住む祖父母もここにもらい風呂に来るようになった。ちなみに、かつて三人娘の部屋だった二階の部屋は一階の祖父母の趣味や仕事の部屋となった。

しかし一〇年もすると、二階の住戸Cに住む孫たちはあっという間に大きくなり、子ども部屋がほしいと言い出すようになった。どうしたものかと思っていたところ、一九八五年に、またま同じ階段室の三階(住戸D)が空いたので、ここを買って改修して子ども部屋を二室確保。そして、二階の住戸Cと三階の住戸Dの間で繰り広げられた生活は、二十数年前に一階の住戸Aと二階の住戸Bの間での生活と同様なものだった。

大きな家族が住む団地

柳島アパートのこの例では、結局一つの三世代家族が、一つの共用階段室の四住戸を駆使して、アパートを住みこなしていたのである。これを、同一生計要件と同居要件で厳密に世帯という尺度で切り取ってみると、一階の祖父母で一世帯。二階の若夫婦で一世帯。三階の孫の兄妹で一世帯ということになる。だから、この住みこなしの最終段階を表現すると、三世帯が三つの住戸に住んでいて、二階に一戸空き家がある、というだけの無味乾燥な表現となってしまう。この変換が、なんだか住宅供給を仕事にしている人びとの世界観を、日常生活から縁遠いものに仕立て上げているような気がする。

しかし、この三世帯を、三世代の大きな一家族、ととらえる視点が獲得できれば、この家族のダイナミックな住みこなしがよく理解できる。そして、集合住宅というのは、見方を変えれば、戸建て住宅での暮らしを幾重にも内包する可能性を秘めた、なかなか面白い住宅形式なのだということがわかってくる。

この祖父が、次の家族の夢として、一階の住戸Aと三階の住戸Dの間にある、二階の部屋が空いた暁には、そこを買い取って外にエレベーターを付けて、一階から三階までをつないで生活してみたい、と語っていたのが、誠に共感をもって感じられるのである。

こうした住みこなしの事例は、同潤会アパートでは決して特殊な事例ではない。2-2は、

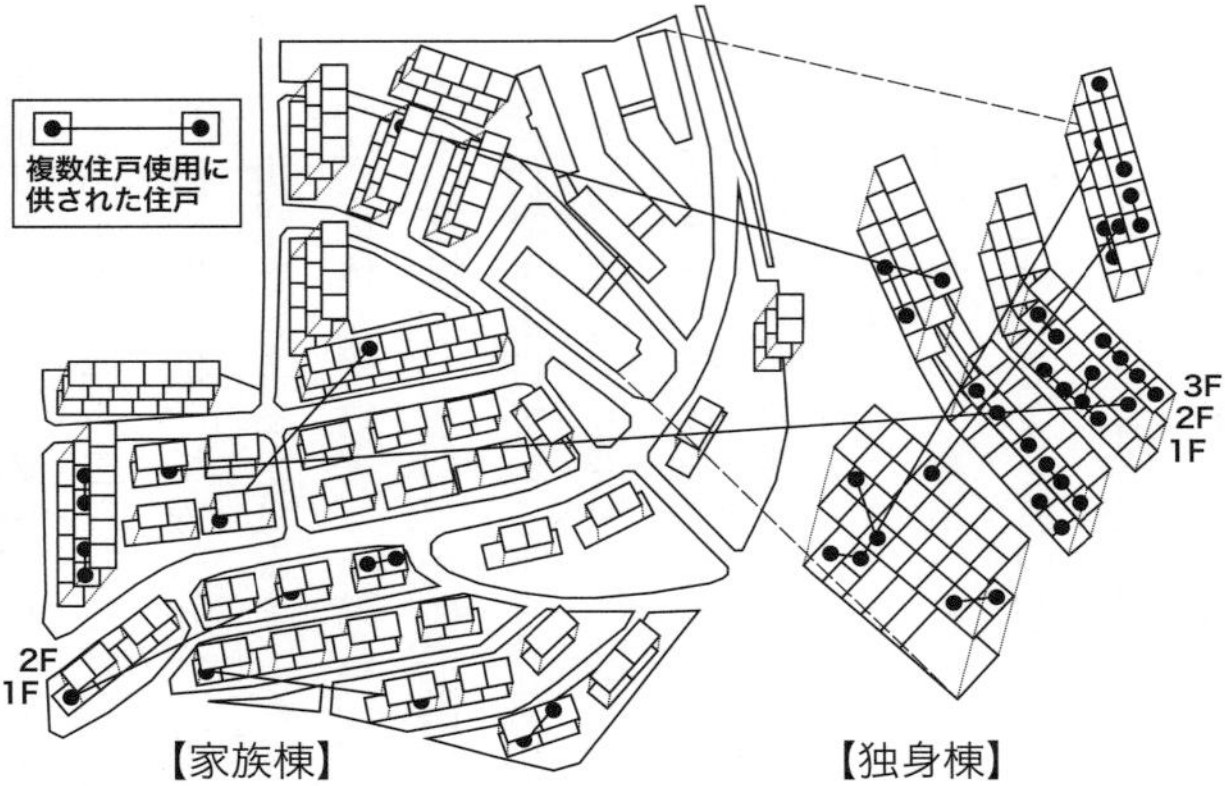

2-2　代官山アパート内での近居

同潤会代官山アパートで調べた、一つの家族が複数の住戸を使って生活している様子を表したものである。住戸の中に●を付して線で結んだものが、複数住戸を使用しながら一つの家族として住んでいることを表している。

図中の右の方に引き出し線で拡大しているところは、アパートにあった独身棟を示す。この独身棟は標準六畳一間の小さな独身室から成り立っており、居住者に払い下げられるまでは、女子禁制の男子寮であった。しかし、戦後の住宅不足と、払い下げ後に活発に行われた住戸の売買によって、この独身寮の部屋は、家族向け住戸からはみ出た、子ども部屋や隠居部屋や仕事部屋や物置などの「離れ」的な空間として利用されることが多くなった。言葉を換えていえば、家族向けばかりの住宅ストックの中に、こうした小規模の独身室群のような建物があったればこそ、家族数の増減やライフスタイルの変化によって一時的に必要となった居住空間を、団地内で賄えることになったのである。この独身棟は、家族の移り変わりによる変化に追従するための、いわばバッファーのような存在となったのである。

さらに、この独身棟の中の複数の独身室を、数室借りたり買ったりして、一家族で住んでいるところもある。場合によっては、片廊下の行き止まりのところから四、五軒分の独身室を買い取り、その前の廊下を扉で塞いで、そこから先を、廊下の分まで含めて一つの家族で暮らしているところもあった。

こうした家族と住戸の関係は、写真には写らない。行政が把握している住民基本台帳を分析してみても、空間的に錯綜したこの社会関係は認識できるものではない。しかし人びとは、世帯を超えた家族というものを織りなしたりしながら、写真にも行政データにもとらえられない、複雑な社会空間を形成しながら、町を住みこなしているのである。

こうした事例をひも解いていくと、人間というのは確かに住宅に住んではいるが、同時に、団地や町という地域空間にも住んでいるのだということが理解されてくる。

戸建て住宅団地の住みこなし

家族による、地域空間の住みこなしの例は、集合住宅ばかりで目撃されるわけではない。写真には写らないので捕捉しづらくはあるのだが、丁寧に調べてみると、新規の戸建て住宅団地でもよく目撃される。2-3は、東京通勤圏内で一九七〇年代初頭に分譲された団地の一角を示しているが、この団地の区画の約半分は空き地である。売れ残ったわけではない。売れはしたのだが、転売目的で買ってとうとう売れなかったり、リタイアしたときに郊外でのんびり暮らそうと思って買ってはみたものの、事情が変わって結局は住宅を建てなかったり、という感じで、空き地が多いのである。

さて一九七二年、この団地の一区画(区画a)に、ある家族が引越してきた。当初、この奥さんが近所の奥さんたちとしゃべっている中で、「ここの団地は住宅しかないから、お店を建てたら儲かるわよね」という話が出た。ここも昭和の団地である。土地を一〇〇%住宅用にしか使わないのが、この当時の団地設計のセオリーだった。そして、決して交通の便がいいとは言い難いこの団地には、たくさんの空き区画が存在していた。しかも、そうした空き区画の価格は、小さな車が一台買えるくらいの値段になっていた。

このお宅では、自宅の隣の空き区画(区画b)を買い取って、そこに小さな商店を建てた。そこでねらい通り儲けることができ、その勢いでそのまた隣の区画(区画c)を買い取り、そこで家庭菜園をはじめた。お店で稼ぎ、家庭菜園で食費を浮かすことができたからだろうか、息子を医療系の学校に進学させることができた。

息子が卒業するのでクリニックを開きたいという。そこで、道を挟んだ向かいの空き区画(区画d)を買い取り、ここに息子の自宅兼クリニックを構え、そこで孫も生まれた。クリニックにも店にも、馴染みの客が団地外からも車で訪れるようになったので、角の空き地(区画e)を買って、そこをお店とクリニックの駐車場とすることにした。

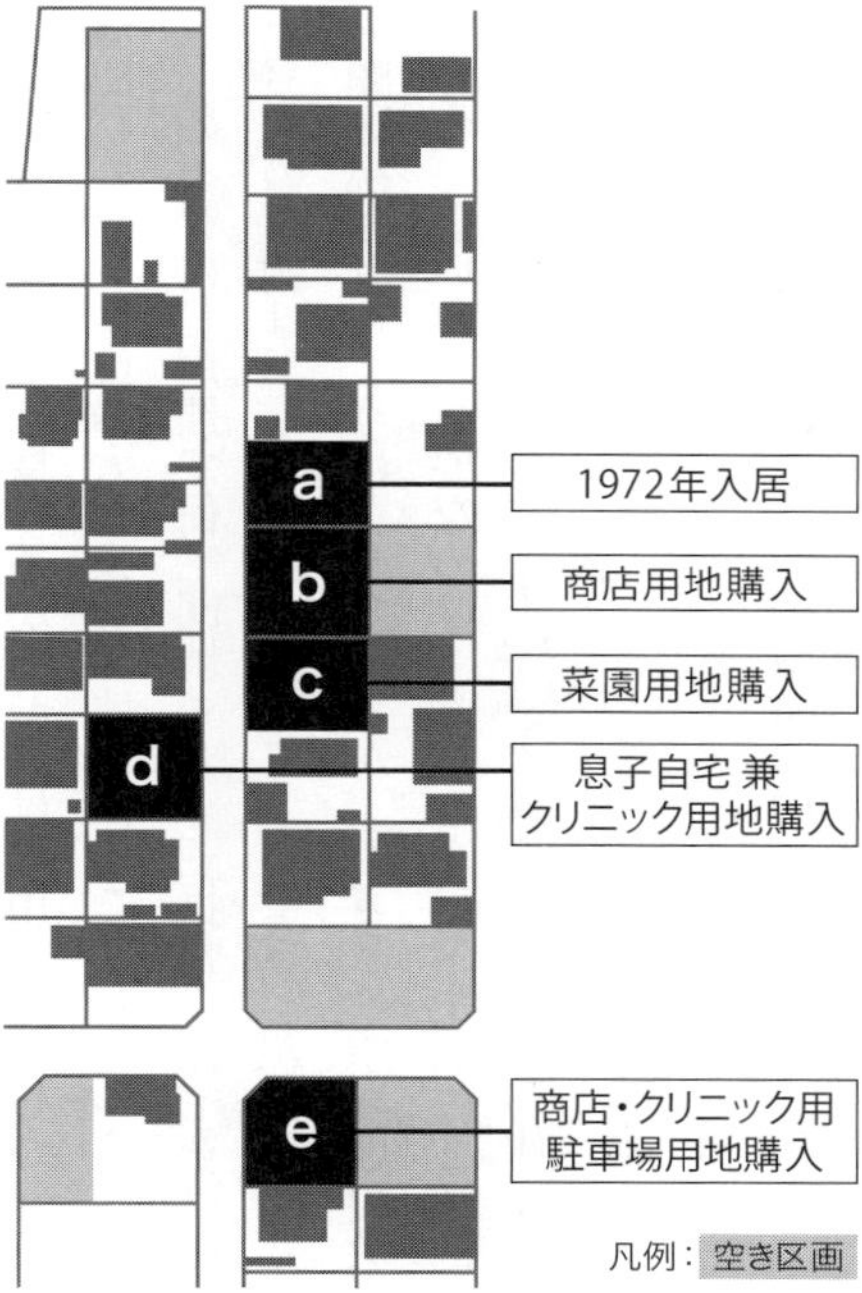

2–3　ある団地の住みこなし

この家族の場合、世帯数は二。家族で使っている敷地は全部で五。建物は三棟あるが、一つは専用住宅、一つは併用住宅、もう一つが店舗。これらを駆使して、三世代の大家族が団地を住みこなしている。

このように、戸建て住宅団地でも、一世帯一住宅をはるかに超える住みこなしが可能なことを、この事例は示している。世間では、空き家が大問題となっており、そしてようやく空き地も問題視されるようになってきたが、空き家や空き地の数のカウントを精緻化することは当然行われてよいが、重要なのは、それらを日常生活にどう活かすかである。

かつて、一九七九年のＯＥＣＤ（経済協力開発機構）の非公式レポートに、日本人の住宅が「ウサギ小屋」と表現され、話題となった。このこともふまえ、日本の住宅政策では居住面積の拡大がテーマになった。だが今や、空き家、空き地はざらにある。これらを、一世帯一住宅の図式を超えた住みこなしの戦略の中で、どのように活用すべきかが課題なのである。

長屋門での住みこなし

一世帯一住宅の図式ができるはるか前から、日本の多くの農家では、一つの家屋敷に複数の建物を建てたり壊したりしながら、代々住み継いできた歴史があった。こうした居住習慣のいくつかは、田舎では今も継承されている。

ここでは、長屋門という建物に注目する。長屋門とはそもそも、家来をたくさん抱えた位の高い侍が、自分の家屋敷の周囲に塀の代わりに長屋を建て、そこに家来を住まわせ、長屋の中央に門を設け、一朝有事の際にはこの門を八の字に開けて出陣したり、この門で敵を迎え撃ったりするものである。江戸時代の位の高い武家屋敷には、たいていこうした長屋門が建てられていた。2-4は、幕末の久留米藩の江戸屋敷の長屋門である。

2-4　幕末の久留米藩邸の長屋門

長屋門は、位の高い武士の象徴でもあり、普通の人には建てることが禁じられていた。それでも幕末になると地方の庄屋クラスの農家では特別な許可をもらって長屋門を建てることがあった。これが明治になり、このご法度が解けると、全国各地の豪農がこぞって長屋門を建てるようになった。大正時代の成金が、こぞって和洋折衷の住宅を建てるようになったのと同様である。

さて明治に入ると、少し裕福な農家では屋敷の正面に長屋門を建てるようになった。2-5は、北関東で見られた事例を示している。ここでは昭和初期に長屋門が建てられたのだが、その折、屋敷の北側には母屋、西側に養蚕場、南西には閑居、すなわち隠居部屋、そして南の道路に面するように長屋門が建てられたのである。この辺りの長屋門は通常、左右に一つずつの部屋が付く。たいていは片方が土間であり、農具入れや漬物部屋、味噌部屋などに使われることが多い。そして片方が板の間や畳の敷かれた部屋となる。

このお宅では、長屋門が建ってからすぐに、門の左の部屋が隠居部屋として使われるようになった。つまり、南西に建っていた閑居から新しい長屋門に、隠居した先代が引越したのだ。その後、古い閑居や養蚕場が取り壊され、時代に応じるように車庫兼物置や新しい物置が建つようになった。

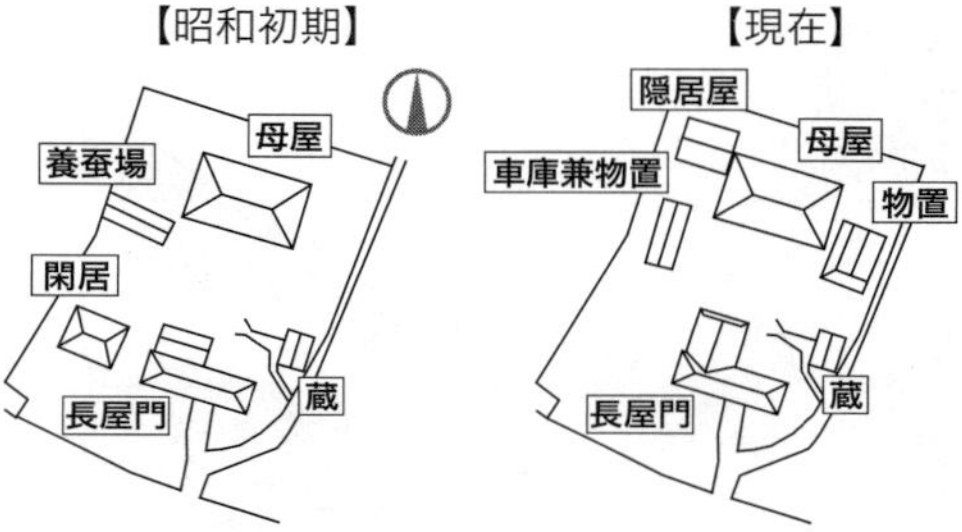

2–5　長屋門のある屋敷の変遷

一九六〇年ころになると、現当主のおばが長屋門の隠居部屋に住むようになり、その後、現当主の母親のために新たに北西に隠居屋が設けられた。おばが亡くなると、一時空きになった長屋門の隠居部屋は、今度は現当主の娘のピアノ教室として利用されるようになった。

農村において、三世代同居は当然のことのように行われてきた。当主世代と、先代の隠居世代の間には、生活習慣や考え方などが異なるのが当たり前である。若い人と年寄りとでは、まず食べる物が違うし、寝る時間、起きる時間も違う。また、古今東西人類が難儀し続けている嫁姑問題が生じることもある。こうした課題を、住宅はうまくさばかねばならない。こうして閑居や隠居という住宅タイプが生まれるようになったのだろう。人類の長年をかけた知恵であるといってよい。

さらにこの事例でわかるように、昭和初期から現在まで、このお宅で使い方が変わってないのは母屋だけである。俗に附属屋といわれる小屋などの建物群は、時代の状況変化に応じて目まぐるしく変化している。長屋門もその一つである。

屋敷と母屋という変わらない基本構成の中で、時代に応じて変わる部分を設けていることが、こうした農家が代々引き継がれていくための、重要な建築的構成なのかもしれない。一世帯一住宅ばかりではなく、一敷地一住宅という暗黙の下敷きをもつ現代住宅の構図を少し変化させるだけで、このような、長持ちする家屋敷が成立可能だったりもするのだ。

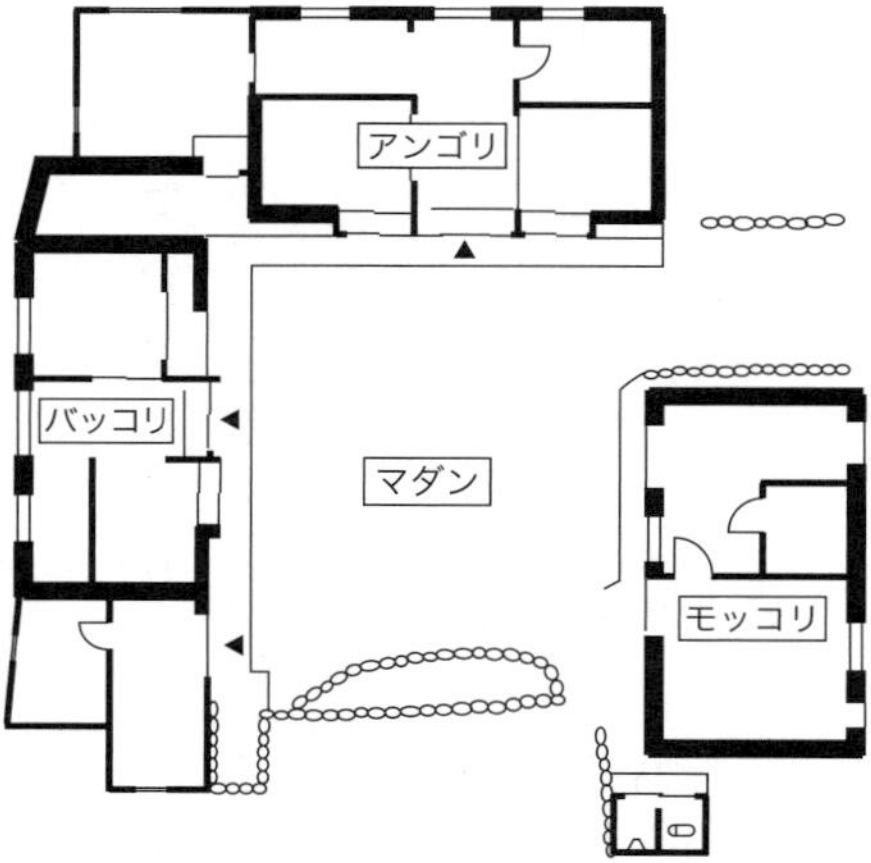

2-6　アンゴリ，バッコリの事例

済州島のアンゴリ、バッコリ

長屋門の一室を隠居部屋にしている例は、日本ではたくさん見られるのだが、韓国の済州島の伝統集落でも、隠居慣行のために独自の住宅形式が発達していた。

2-6は一九九〇年代末、済州島で採集された伝統家屋の平面図である。三つの建物がマダン（中庭）を囲んで配置されている。上にあるのがアンゴリ、左がバッコリ、右がモッコリである。モッコリは倉庫として使われ、アンゴリとバッコリは平面図がほぼ等しく、若い夫婦がアンゴリに、その親世代の夫婦がバッコリに住む。複数棟にすることで、韓国の伝統的なマダンをもつ形式を守りながら、一つの敷地内の別棟で親世代と子世代の二世帯が隣居する形をとっている。これは、長屋門で見た隠居部屋の考え方に非常に近い。ここでも、異なる世代のスムーズな住み継ぎを担保するために、長年かけてアンゴリ、バッコリという居住文化が形成されてきたのである。

2　近居の力

近居とは

これまで見てきたように、先人たちは、一世帯一住宅という図式を意識しない形で、すなわち家族という世帯の集合体でもって、複数の敷地と、複数の建築物を使いこなしながら、時代の変化に応じて柔軟に一つ所に住んできたことが理解できよう。

これらの事例で共通していえることは、親世代と子世代が比較的近くに住みながら、世帯としては別であるけれども、家族としては一つのゆるい絆で結ばれながら存続していることである。こうした、親世帯と子世帯、場合によっては兄弟どうし、あるいはその複合形態としての家族の構成員たちが、近くに住みながら、地域で離散的に暮らすのが「近居」である。

近居のような現象は、おそらく人類が家を建てるようになったころから存在するのだろうが、現代社会の中でこのことを明示的に指摘した一人として、先述のピーター・タウンゼントというイギリス人の社会学者を挙げることができる。彼は一九五〇年代の調査で、ロンドン東部の高齢者が一見、一人で寂しそうに暮らしているようだが、じつは、近くに住む子ども世代とじつに頻繁にやりとりをしながら暮らしている姿を報告している。

日本では、一九七〇年代はじめに高齢者問題が注目されるようになった。七三年は、日本の住宅不足が解消した年であり、「これからの住宅政策は量から質だ」といわれるようになった年でもあるが、当時の田中角栄首相の肝いりで福祉元年ともいわれている。景気が良くなった分、高齢者をはじめとする社会保障を充実させるため、七〇歳以上の老人医療費が無料となり、年金給付額の物価スライド制によって実質的に年金の額が上がった。ただ、この年の秋に起きた第一次オイルショックによって、この雰囲気は冷や水を浴びせられた。

一方で、一九七二年に発表された有吉佐和子の小説『恍惚の人』がベストセラーとなり、翌七三年には森繁久彌主演で映画化されている。この作品は、認知症の義父が、同居する嫁によって介護される様子を描いたものだが、これをきっかけにそれまでシャドウ・ワーク的にひっそりと行われていた家族介護の過酷な現実に光が当てられるようになった。

このころから、建築分野でも高齢者の研究が盛んになり、高齢者の住まい方の実態を表す語として、「近居」という言葉が用いられるようになっていた。その後、この言葉は、高齢者居住のための住宅計画学分野の中で使われてきていたが、最近になって、子世帯の収入が減ったために共働きが増え、子育ての支援を親世帯に求めて近居を志向する傾向が強まったために、地方自治体やUR都市機構(日本住宅公団の後身)などの公的住宅供給主体も、近居を誘導・優遇する措置をとりはじめるようになった。

近居の実態

それでは、いったいどれくらいの人びとが近居をしているのかというと、じつはこれがよくわからない。なぜなら、近居の正確な定義が確定していないからだ。近年、近居の実態に関して多くの調査が行われるようにはなったが、それでもサンプリング調査であり、全数調査ではない。私は、いくつかの具体の住宅地を対象に、エリアを区切って全数調査を試みてきた。ただこれも、アンケート調査が主体なので、ほぼサンプリング調査の域を超えるものではないが、それでもざっくり一割から三割程度の人びとが近居を行っていそうなことがわかってきた。

例えば千葉県の旧公団団地でアンケートをとってみると、おおむね一割から二割くらいの割合で、団地内外の別の住居に家族が住んでいることがわかった。

また、築二〇年以上の都心の超高層分譲マンションでも、おおむね一割の人が、同じマンションの中に親戚や子どもや親や兄弟が住んでいると、アンケートに答えている(重複分は除外)。

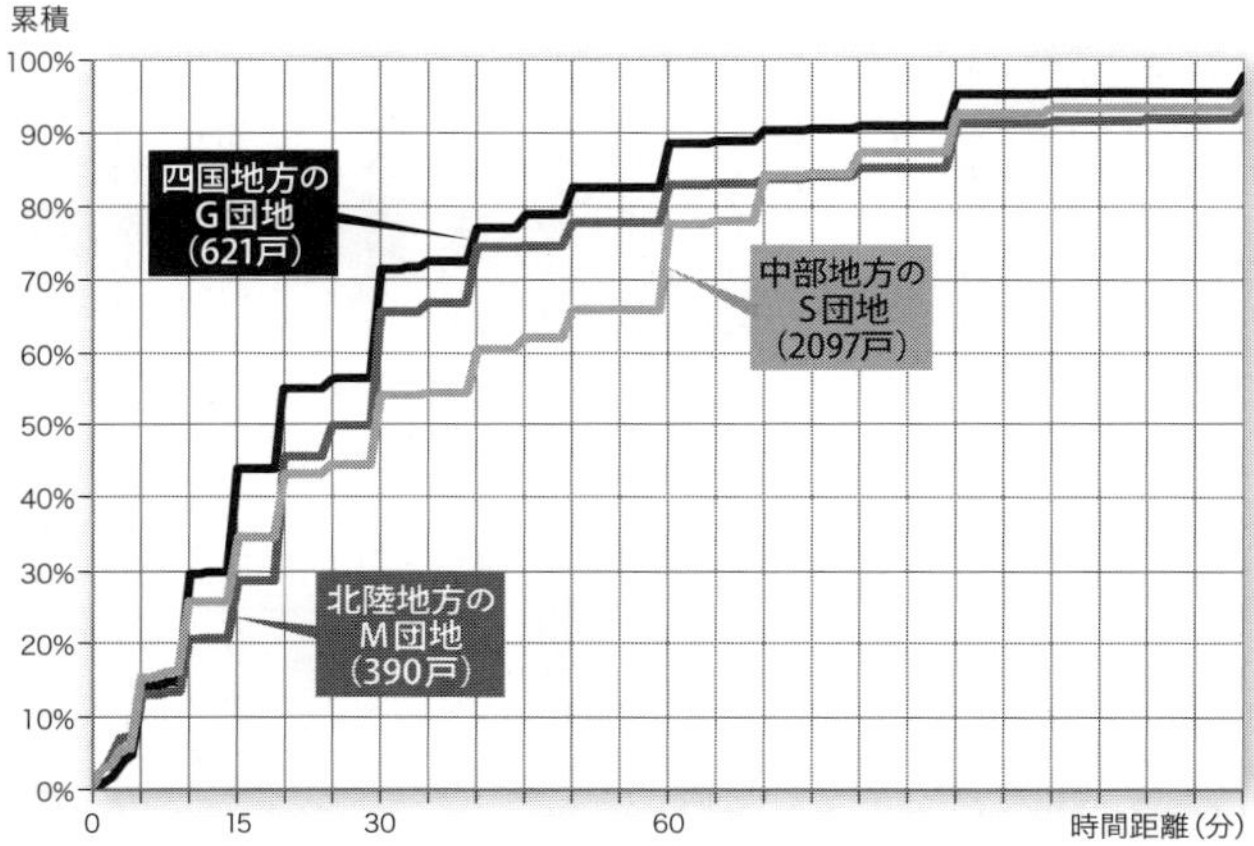

2-7　3団地での近居の実態

極めて都会的な雰囲気のマンションなのであるが、このうちの一割くらいということは、マンション全体のほぼ二割の住戸、つまり五戸に一戸が、近居の用に供されているということになる。意外な結果であった。

その後、全国の三つの大団地で、それぞれどれくらい離れた場所に近居しているのかということを調べてみた。2-7は、横軸に時間距離、すなわち、何分離れたところに近居しているのかを表している。そして縦軸に、その団地で近居している人が、ある時間距離以内に近居している割合の累積値を示している。これを見ると、どの団地でも、一五分以内に近居している人がおおむね三割、三〇分以内に近居している人がおおむね五割、そして、六〇分以内に近居している人がおおむね九割となっている。

近年、行政や公共機関によって支援されつつある近居は、物理的な距離が二キロメートルと定義づけられていることが多い。都心であれば車であっても電車であっても、一〇分から一五分はかかる。これが、郊外で車を使うと三分程度で、電車を使えば、歩く距離にもよるが、一〇分以上はかかるだろう。つまり、物理的距離二キロというのは時間距離でいえば、最大でも一五分程度であり、大体三割程度の近居の人びとを対象にする考え方だとわかる。

この調査ではさらに、娘世帯と息子世帯の近居の違いを見てみた。すると見事に、娘世帯の方が息子世帯より近くに住む傾向があることが明らかとなった。時代は変わってきているとはいえ、やはり、嫁姑の良好な関係維持には相当なエネルギーが必要である。この結果はこのことを如実に示していると思われる。

近年、近居誘導策に伴って、ついでに同居も誘導しようという動きが顕著である。「近居」支援が、いつの間にか、「同居近居」支援となっていることをしばしば見かける。しかし、同居と近居はきっぱり違うものだという認識が必要である。同居したくないから近居をしている人と、同居したいけれどもできないから近居せざるを得ないと思っている人とは、決定的に態度が異なる。同居は、家父長の立場からは重要なのかもしれないが、嫁姑の観点からは慎重な留保が必要である。「同居」と「近居」は分けて議論しなければならない。

さて、近居している人どうしが実際にどのようなやりとりをしているかというと、「会話」が多く、「食事」「孫の世話」と続く。特に、子どもが親に会いに行く場合は、圧倒的に「会話」が多い。親が少し弱ってきて、要介護に至るまでの間に、ちょっと様子を見に来た子どもがする行為として、「会話」が多いということを示している。これは、従来からある、年老いた親を子ども世帯が近所に呼び寄せたり、逆に親の近くに子ども世帯が引越していったりする、いわゆる「呼び寄せ近居」に多い。

『恍惚の人』の時代は変わり、介護保険制度が導入された現在、多くの親は、子どもにおむつを替えてもらうというような介護を特に期待しているわけではなく、たまに来てしゃべってくれることを期待しているようだ。たかが会話、されど会話である。ヘルパーではなかなかできない、プライバシー満載の家族の会話が、重要なファクターとして浮かび上がる。人に面と向かって聞けない情報を収集したり、他人にはなかなか言えない悩み事や、場合によっては人の悪口などを言ってみたり、そんな「素の会話」ができる相手が身近にいるのが重要であるらしい。

これとは逆に「孫育て」を軸に、近居を行っている人びともいる。近年はむしろこちらの方が多いのではないだろうか。「孫育て近居」である。この場合は、まだ比較的元気な親世帯のもとに、生まれたての孫を抱えた子ども世帯が親の孫育て力に期待しながら引越すことではじまるケースが多い。しかし、親世帯、あるいは子世帯の一方だけが望んで行う近居は、同居同様、なかなかややこしい結果を生じてしまうので、注意が必要であろう。ネットで目撃したコメントに「最近、親に近居を迫られて困っています」という、嫁の悲痛な叫びがあった。このことも一方で、忘れてはならないことである。

私の近居

こういった調査をしているからというわけではないのだが、じつは私も十数年来、近居を実践している。とはいえ、近居を実践しようと思ってやっているわけではなく、暮らしやすい道を選んでいった結果、たまたまこうなったというに過ぎない。

私の子育て時代は横浜においてであった。はじめは賃貸アパートに住んでいたが、ご多分に漏れず三五歳くらいのときに、その近所に分譲マンションを買った。私と妻は共働きなので、二人の娘が小さいときはやはり子育てが大変だった。学童保育に入ってはいたものの、学童から自宅へ連れて帰るのに苦労していた。そんなとき、福岡の筑豊に住んでいた妻の両親に、お願いして横浜に来てもらい、近居をはじめることにした。

その準備として、義父の職探しをせねばならなかった。ちょうど、娘たちが通っている学童保育では、社会経験豊かな、貫禄のある男性職員を募集していた。なぜ、はつらつとした若者ではなく、いわゆる年寄りの男性を募集するのか。学童保育を運営しているNPO法人は、地域の一員として、公園愛護会や交通安全の会合や、地元自治会関連の会合に出ることが多いらしく、女性や若者がNPO法人の代表として出ていくと、正直なところナメられる雰囲気があったりもしたそうだ。また、子どもの育つ環境としては、老若男女、さまざまな人に子どもたちが接することも重要だということで、そんな求人となったようである。この求人を聞いたとき、義父にぴったりだということになり、面接を受けてもらった。

家探しもしなければならなかったのだが、この学童保育が入っている賃貸アパートの最上階が空いているという話が、学童伝てで耳に入ってきた。そこで、不動産屋に仲介を頼む前にアパートのオーナーにわけを話して、入居が決まった。

通常、賃貸アパートのオーナーというのは、学童保育に部屋を貸したりはしない。なぜなら、学童保育は騒音の問題や親が送り迎えに来る際の駐輪駐車問題で、近所から何かとクレームを受けやすい、ニンビー施設だからである。しかし、このアパートのオーナーは、地付きの地主で、地域づくりに熱心な方であった。お金よりも利回りよりも、地域のまちづくりを重視してくれるオーナーがいる町は、子育て世帯が居つく町になるのだろう。

こうした準備の結果、近居を行うことができ、子どもは小学校が終わったら歩いて学童に行き、学童が終わったら義父母に迎えに行ってもらって、義父母の家で夕食も済ませて、早く帰った親が義父母の家に子どもを迎えに行き、場合によっては、自分たちも夕食をいただいてしまうという、究極のらくちん子育ての環境を満喫することができていた。まさに、近居様様であった。

その後、子どもたちも小学校、中学校を卒業するようになると、「家→小学校→学童→義父母の家→家」という循環ではなく、基本的には、「家→学校→家」だが、週に一、二回は、「家→学校→義父母の家→家」、あるいは、そのまま義父母の家にお泊り、という循環で暮らすようになっていった(2-8)。この間、義母もいつの間にか学童で働くようになっていた。

ところが、二〇一一年に東日本大震災が起きて、その復興提案づくりでの無理がたたって、私が腰を痛め、一時間半もかかる立ちっぱなしの通勤電車が辛くなってきた。一方で、娘も都心の高校に通うようになったので、勤めている大学の近くに引越すことを考えるようになった。当然、新築のマンションは買えない。相当古いマンションしか買えないのだが、古いマンショ

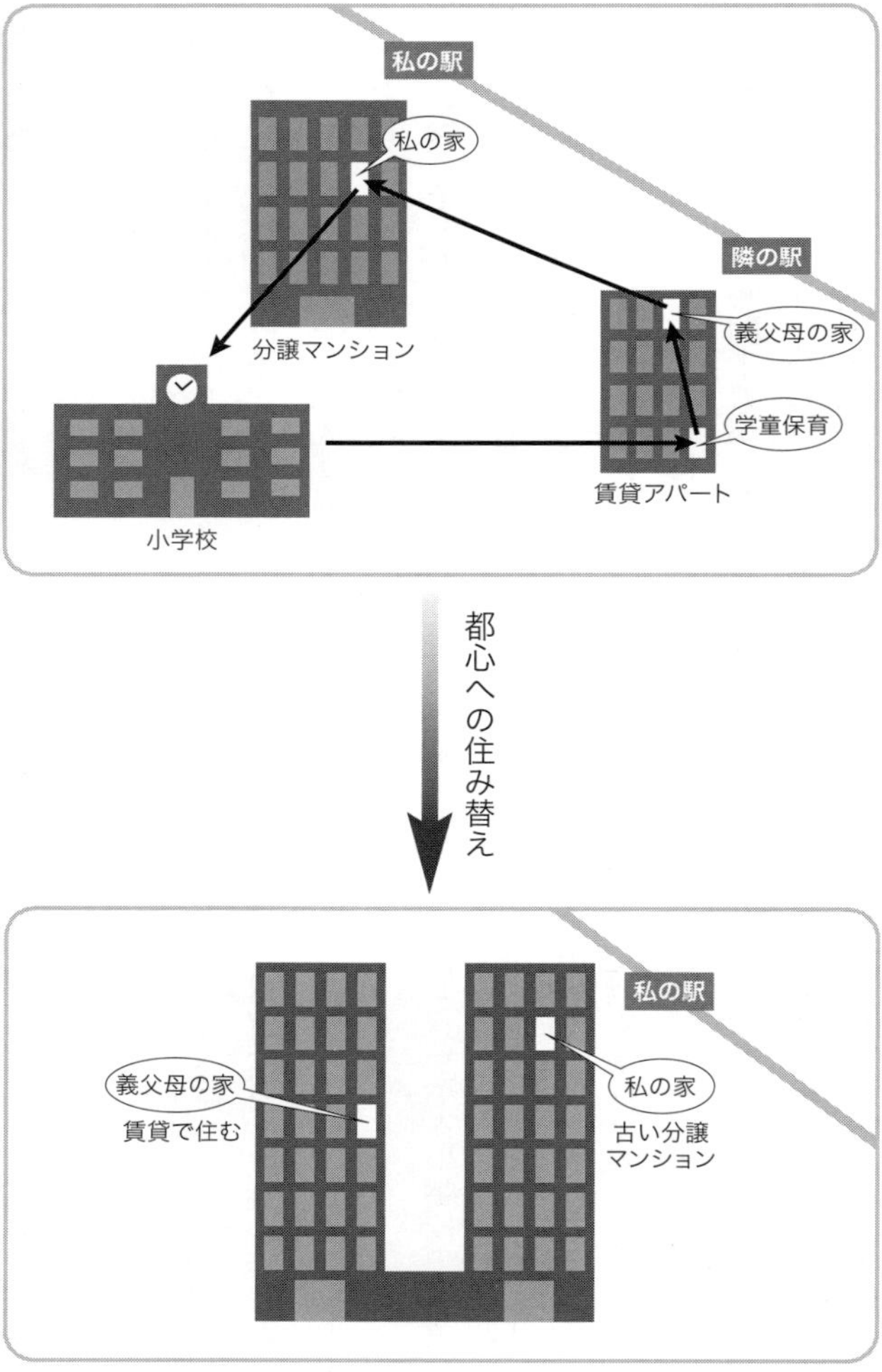

2-8　近居をしたまま住み替える

ンには、値段が手ごろであるほかに、もう一つのメリットがついていた。

それは、賃貸に出されている部屋が多いことである。都心への引越しを検討する際に気になっていたことは、わざわざ田舎から呼び寄せて近居をしていただいている義理の両親のことであった。子世帯が都心へ引越すのに、そのまま横浜にほうっておくわけにはいくまい。ということで、古いマンションなら分譲と賃貸の二通りが選べる。こうして、都心の中古マンションの一棟に子ども世帯、別の棟に親世帯が住む近居が成り立ったのである。つまり、近居の状態を保ったまま、親子世代ともに引越したのである(2-8)。

義理の両親には、今も精力的に孫育てをしてもらったり、夕飯をいただいたりはしているが、そろそろ八〇歳にも近くなってきた。弱ってきたら、今度は我々が孫と一緒に、恩返しではないけれど、できる範囲で面倒見なくてはと思っているところである。

3　町の多様性が近居を可能にする

オールド・ニュータウンで起きていること

東日本大震災の前、東北のある都市の近郊に開発されたニュータウンを調べたことがあった。

一九七〇年代に開発された四〇〇〇戸を超す大団地だ。町びらき当初は、地元では憧れの住宅地だったらしいが、半世紀近く経とうとしている現在、ここも当然のように極端に高齢化が進むオールド・ニュータウンになっていた。高齢化が進み、空き家、空き地が増えていくこのニュータウンを何とかしようということで、町の関係者に呼ばれて調べたのだ。

地元の不動産屋から聞いた話によると、高齢化が進むこの町では、いくつかの面白い現象が起きているらしい。その一つが、広さや古さがほとんど同じ中古物件でも、敷地の前の道路との間に段差がある物件とない物件とでは、売値で二〇〇万円程度の差がつくようになっているということだった。現在では、家の中の段差をなくすバリアフリー住宅は当たり前のようになってはいるが、家の中から外に出るとき、住宅の敷地から前面の道路に出るときの段差(バリア)はなかなかなくならない。

それは、住宅内部は住宅メーカーや工務店、敷地内は造園業者、前面道路は行政、というふうに、空間のつくり手が縦割りとなっているからである。じつは、こうした縦割りにもとづくバリアが町のあちこちにあるのである。本来のバリアフリーは、例えばベッドから役場までの一連の空間に段差がなくなってはじめて使い物になるのだが、家と敷地の間にある段差と、敷地と前面道路の間にある段差が、町全体をバリアフルにしている状況が町のあちこちにある。

こうした中で、二〇〇万円もの値付けの差が出てくるようになったのだ。

さて、もう一つの現象は、たった二、三〇〇メートルの距離を高齢者が引越しているということである。

2-9　東北のあるニュータウンの全体像

町の中に唯一あるショッピングセンターに、少しでも近づくために引越しが起きていた。

この町も、昭和時代にいい団地だといわれたパターンの団地だった。すなわち、町の中心にだけお店のあるセンターがあり、そのほかは端から端まで六〇坪程度の二階建ての、ほぼ同じ大きさと間取りの住宅で埋め尽くされるという、よく見かけるタイプである(2-9)。

町の中で買い物をするには、このショッピングセンターに行くしかない。高齢のために車を手放しつつある世帯にとって死活問題なのは、買い物難民にならないことである。その自己防衛策の一つが、たった二〇〇メートルであろうが三〇〇メートルであろうが、少しでもショッピングセンターの近くに住むことなのである。元気に歩ける世代からは想像もできないが、夏になれば灼熱の、冬になれば雪で滑るアスファルト道路を、重たい食料品を携えて歩くのは、苦痛である。しかも、たいていの街路には街路樹すらもなく、あるのは蜘蛛の巣のような電線をまとった電信柱ばかり。街路樹があっても、掃除をしなくていいようにマッチ棒のように枝葉も無いような形で強剪定されている。もちろん、途中にベンチ一つあるわけでもない。家からセンターまでは、まさに車で移動するしかないようにデザインされた空間なのである。

家の前の段差がマイナス二〇〇万円の値付けになったり、ショッピングセンターに一歩でも近づくための引越しが行われたりするのが、オールド・ニュータウンの切実さを表現しているのである。

空き家には誰が移り住むのか

しかし、こうした典型的な悩み多きオールド・ニュータウンでも、最近は少しばかり若い人が増えてきつつあるという話も聞いた。どうやら、ここで生まれ育った世代が、「孫育て近居」を目指して、このニュータウンに戻ってきているというのである。

これを調べてみようと思い、この町の不動産流通の八割くらいのシェアをもっている、町び

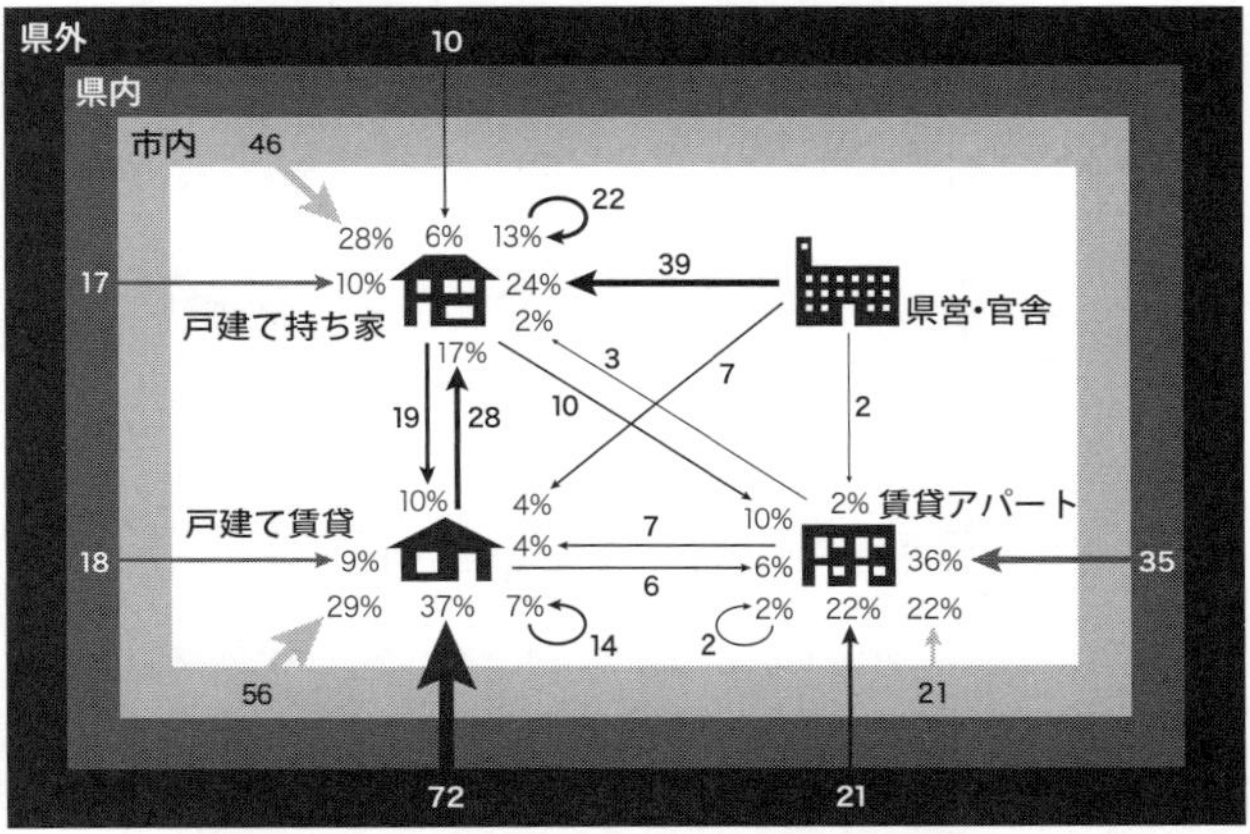

2-10　ニュータウンの空き家はどのように埋まるのか

らき当初からここで営業している不動産屋がもつ一〇年分の不動産取引データを分析させてもらうことにした。地元NPOが運営する、空き家を利用した体験宿泊施設に学生と泊まりながら、不動産屋の棚にあった物件情報を分析させてもらった結果できたのが、2-10である。

このニュータウンは、山を切り開いてつくった団地で、周りは基本的に森に囲まれている。したがって、この団地に連担した市街地もなく、極めて純粋な形で、この団地の人の出入りが観察できる。

図中にある、黒い家のような形をしたものは、このニュータウンで発生した空き家の種類を示す。空き家には、戸建ての持ち家と、戸建ての賃貸と、賃貸アパートと、県営住宅や官舎などがある。県営住宅や官舎は、不動産屋では扱っていないので、人びとの出入りの情報はわからない。仮に行政に問い合わせたとしても、個人情報保護の名目でデータを見せてもらうことは困難だったろう。

面白いのは、ここに賃貸の戸建て住宅があることである。なぜ面白いのかといえば、この町を設計するときは、住宅地に建つのは、すべて分譲の戸建て住宅だと想定されていたからである。賃貸の戸建て住宅の存在を想定しながら、団地が設計されることはまずない。しかし、町には時間が経つにつれて、賃貸の戸建て住宅が必ず増えてくる。それは、転勤などの都合によって、一時この町を離れ、その間住んでいた持ち家を賃貸に出すという人びとが、ある一定の割合で出現するからである。

これと同様に、この町にはいつの間にか賃貸アパートが数棟建てられていた。これも当初の設計図にはなかった。ところが、この団地の周囲に大学や病院が立地したために、大学生や看護師たちのニーズを見越して、本来は戸建て住宅を建てる計画だったところに、賃貸アパートが建ってしまったのである。

賃貸の戸建て住宅の出現も、賃貸アパートの出現も、じつに他愛のない些細な出来事のようだが、じつは、このことが、この町の成熟に大変重要な影響を与えているのである。

多様性が町を救う

再び2-10を見てみよう。この図は、この団地にある空き住宅に、団地外から移り住む人びとの数を表している。移住元は三種類。県外からの移住を黒、県内からの移住をグレー、そして市内からの移住を一番薄いグレーで示している。

この中で一番目につくのは、県外から戸建て賃貸めがけて、七二世帯が移り住んでいることである。市内からの五六世帯という数も、戸建て持ち家より多い。県内からの一八世帯も戸建て持ち家の一七世帯より多い。それではなぜ、こんなにも戸建て賃貸が人気なのか。この団地がある都市は県庁所在地なので、行政や大企業といった、比較的転勤の多い人びととの需要が集まるところである。そこで、これから引越す人が会社の同僚などに「この辺りで家を借りるんだったらどこがいいかな」と聞けば、この団地の名前が出てくることが多い。そこは、かつて憧れの団地だっただけのことはある。市内からの引越しが多いのも、もともと憧れの団地だったからという理由もあるだろう。

そして、賃貸に人気があるのはなぜか。もともと転勤のために来ている県外からの人の多くは、一定期間しか住まないからという理由だろう。しかし、それだけではこの多さは説明できない。そのカギを握るのが、近居である。

この不動産屋いわく、この団地に移り住む人びとの、おおむね三割がもともとこの団地で生まれ育った人びとであるらしい。ここで生まれ育ち、大学や就職でここを離れ、遠くで伴侶と子どもをもうけ、共働きで子育てが大変なこともあり、子どもには自分が生まれ育った環境で育ってほしいこともある。親の老後も心配ではあるし、顔見知りの知人も多い。だいたいこんな理由で、この町にUターンしてくる人が多いらしい。

それでは、こうしたUターン組が団地に戻ってくるときに、なぜいきなり持ち家に行かずに賃貸に行くのだろうか。それは、引越ししたいときに、購入してもいいと思う物件が必ずしもあるとは限らないからだ。そして、彼らが自分の古巣の町に引越ししたいタイミングは、子どもが保育園、幼稚園、小学校、中学校に入学するタイミングであることが多い。このタイミングを逃さないためにも、Uターン作戦は二段階で考えられるのである。

まず、子どもを入学させるというのが第一優先だから、とりあえず戸建て賃貸に引越して、子どもを入学させておく。それから時間をかけて、不動産屋と相談しながら、持ち家の戸建てを探していく。それが見つかれば、ようやくUターン作戦完了となるのである。だから、戸建て賃貸から戸建て持ち家へ二八件もの移動があるわけである。逆に戸建て持ち家から戸建て賃貸に移るのが、一九件あるが、これらはもともと親世帯と一緒に住んでいた子世帯が、世帯分離して賃貸で新居を構えるようなケースが多い。このように人の流れを見たときに、町がうまく人びとに住み継いでもらうためには、賃貸の物件が重要な役割を果たしていることに気づく。

賃貸という多様性

次に、賃貸アパートを見てみよう。そもそも建つ予定のなかったこの賃貸アパートではあるが、市内外、県内外から、幅広く人を集めていることがわかる。が、ここに移ってくる人で目立つのが、母子家庭なのであった。

今や、統計的には日本人の三カップルに一カップルが離婚しているのだから、今後の住宅を考えていくときに、ひとり親世帯のことを抜きには考えられなくなってくるだろう。この団地の賃貸アパートで母子家庭が多いのも、そうした事情を反映している。多くのひとり親世帯は、たとえ賃貸であっても、戸建て住宅に住める家賃はなかなか出せない。けれども、子育てのニーズは共働き世帯以上に切実だ。したがって、まだ元気な自分の両親に子育てを少し手伝ってもらいたいというニーズも、人一倍切実に違いない。このようにして、この団地に建つ賃貸アパートに母子家庭が移り住み、親世帯と近居しながら、子どもを育て上げようとしている姿が浮かび上がってくるのである。

しかしもし、この団地の周囲に大学や病院が建たず、したがって、学生や看護師たちを目当てにした賃貸アパートがそもそも建っていなかったらどうだろうか？　昭和の団地づくりの価値観でいけば、端から端まで立派な戸建て住宅しか立ち並んでいない、さぞ立派な住宅地であったろうに、という評価は本当に正しいのだろうか？

むしろ、想定外でできた賃貸アパートがあったればこそ、Uターンする母子家庭の切実なニーズにも応え得るセーフティネットとしての機能が、この団地に備わったのではないか。我々の子どもたちも、いつひとり親になって子連れで我が町にUターンしてくるかもしれないのである。その確率は三分の一。そのときに、彼らを受け入れる住宅が身の回りにあるのだろうか。

この団地では、設計当初には想定だにされていなかった、賃貸の戸建て住宅とアパートの出現によって、多様な世帯を町中に呼び込むことに成功していることに気づかねばなるまい。

昭和のよい団地の常識が、必ずしも通用しない時代に入っている。一世帯が住むことが前提の分譲戸建て住宅や、分譲マンションばかりで町を構成してしまうと、町の持続性を低下させてしまうことになりかねない。

「焼き畑農業的開発」を超えて

このように、近居というごくプライベートな行為を、町のレベルで重ね合わせて見ていくときに、近居は単に家族内の助け合いばかりでなく、地域にとっても「若い世代が移り住んでくれる現象」「年老いた世帯の面倒を見てくれる人が移り住んでくれる現象」にもなりうることが理解できるだろう。このような観点から、行政は今、空き家が急増する高齢団地に子育て世代を呼び込むきっかけとして、近居をとらえているのだろう。

一方で、近居する家族にとっては、「若い世代の子育て問題の支援」「親の世代の老後の不安の緩和」「孫世代が多様な人(つまり祖父母など)に接しながら育つという教育的側面」などのメリットが考えられる。

しかしながら、私が近居という現象に期待しているのはむしろ、「町における多様性の獲得」とその延長としての「町の持続性の獲得」である。高度経済成長期に郊外団地として建てられてきた住宅地では、「一代限りでたたまなければならない町」となってしまう危惧をもっている。それを「焼き畑農業的開発」と呼んでもよいだろう。その町を住み継ぐ人がいないからだ。そこで、「近居」を契機として、子育て世代が移り住んでくれることは、そこの地域の人口構成を「多様化」することにつながる可能性をもっている。

逆に、画一的なデザインと規模の住宅だけで構成される町は、多様な人を呼び込めないだろう。いろいろな形や大きさや機能をもった建物が「混ざる」ことによって、多様な人が移り住む素地ができ、近居の先に、町における多様性の確保、そして、町の持続性の獲得というものが見えてくるのではないか。

第三章　引越し

「Gターン」がつくる生活の薬箱

1　住み替えとゆるい定住

住み替えという想定

一九七三年の現代住宅双六（二五頁、1-8）は、それまで約半世紀にわたって日本が培ってきた住宅政策の歴史の厚みの上に成り立っていた。さらに、二〇〇七年の新・住宅双六（二六頁、1-9）では、高齢化と余生の伸長によって、それまで「上り」とされてきた「郊外庭つき一戸建住宅」の先に、双六がまだまだ続くが、そこで仮に示されている老後の居住環境を実現するには、かなり困難が付きまとっていることも確認できた。この困難は、どのようにして乗り越えられるのかを考えるのも本書の主題の一つである。

住宅双六について、もう一つ注目しておくべき点がある。よく見ると、コマとコマの間には、細くて白い隙間が描かれている。この隙間を越える行為が「引越し」を意味していることが多い。ただ、この引越しが「くせ者」である。

大正末期から昭和初期に建設された同潤会アパートは、日本でほぼはじめてとなる集合住宅団地だったが、その設計者にインタビューを行った記録がある。せいぜい「三畳＋四畳半」や「三畳＋六畳」で構成されていた同潤会アパートの間取りは大変狭く、ここではさすがに両親と小学生くらいの子ども二人の四人暮らし、のような生活はきつい。インタビューによると、当時の設計者は、「狭く感じたら引越すだろう」と想定していた。平均一〇坪（約三三平方メートル）という間取りは、賃貸住宅でもあったし、自分の生活の間尺に合わなくなったら、当然引越すものだという、当たり前といえば当たり前の観念で設計されていたのだ。ところが、多くの居住者は二世代三世代にわたって同潤会アパートに住み続けた。その一部はすでに、冒頭で紹介した通りだ。設計者が想定しているからといって、居住者がその通りに住んでくれる保証はないのである。

これと似たような話を、私の先輩である内田雄造東洋大学教授に聞いたことがある。学生運動華やかなりし昭和四〇年代初頭、当時、東京大学建築学科の博士課程だったころ、内田さんは日本住宅公団や東京都からの依頼で、多摩ニュータウンの将来人口の推計をバイトでやっていた。その推計によると、多摩ニュータウンははじめに若い家族がどっと集まってくるが、ニュータウンには、公営住宅、公団住宅、公庫の融資による戸建て住宅が用意されていたため、そこで自然に住み替えが起きる。公営住宅はお金のない若年層、公団住宅は働き盛りのサラリーマン、戸建て住宅は頭金のたまったサラリーマン、というふうに、あたかも出世魚のように、その人の収入が増え、家族構成が変化するにしたがって、自然に引越ししていくものだろう。そういう前提に立っての人口推計だったという。まさに住宅双六通りだ。そのため、さまざまな事情で、一か所に住み続ける人びとのことはほとんど考慮されていなかった。バイトだった内田さんも、バイトに指示を出していた当時の偉い設計者たちも、多摩ニュータウンがこれほどまでに高齢団地化するとは考えていなかったという。

この同潤会の話も、多摩ニュータウンの話も、住宅双六も、人間は自分の間尺に合わなくなったら、その住宅から違う住宅に移り住むという図式を、あまりにも単純に信じすぎていたのではないかと思える。確かに、さまざまな住宅がニュータウンに用意されるのはいいが、絶対的住宅不足の中で、住宅建設戸数というカウンターを回すことに重きを置きすぎるあまり、適切に住宅地を混在させることを怠ったのではないかと思える。

公営住宅団地、公団住宅団地、戸建て住宅団地において、それぞれ与えられた面積で必要な戸数を個別に消化することのみに主眼が置かれ過ぎたため、戸数消化の命題にまじめに応えようとすれば、いきおい、それぞれの団地規模が大きくなる。住宅双六通りに引越ししようと思えば、相当離れたところに移らねばならない。だが、実際には、引越しにはさまざまな負担が伴う。すなわち、引越しの作業の大変さや移動の物理的負担もさることながら、学校を転校し、近所づきあいを止めるという、引越しの心理的負担もある。すでに超高齢社会となってしまった日本において、引越しの物理的・心理的負担については、もう少し配慮したほうがいいのではないか。

「かたい定住」と「ゆるい定住」

町には、住む人の多様性と用途の多様性が大事であるという話はすでにしてきたが、町が多様化していく過程で、人びとの住み替えがどのようにして繰り広げられているのかについては、もっと詳しく知られる必要があるだろう。

一般に私たちが「定住」という言葉を聞いたとき、「○○団地の○○棟の○○号室にずっと住んでいます」とか「○○市の○○丁目○○番地にずっと住んでいます」など、引越しをしないことを定住と認識しているケースが多いだろう。このように、いったん構えた住宅から、一歩たりとも移動しないことを、私は「かたい定住」と呼んでいる。反対に、「○○町にずっと住んでいます」や「○○駅の周辺にずっと住んでいます」など、たまに引越しはするけれど、町の中の一定の範囲内を移動しているような住まい方のことを「ゆるい定住」と呼んでいる。

第一章で述べたように、アメリカ人に比べて日本人はあまり引越しをしないというのは事実のようであるが、同じ引越すのであっても、じつは日本人の引越しの距離は、短い場合が多いのではないかという気がしている。

政府や自治体の人口移動に関する調査などで対象となるのは、行政境を越えた引越しであり、同じ行政区域内で引越せば、行政が気にしたがる人口移動はないことになる。その結果、ゆるい定住はあまり着目されてはこなかった。したがって、「移動vs定住」の図式中の移動は、行政境を越えることであり、定住は、行政境を越えないこととして認識されている場合が多いのではないか。

だが、すでにこれまで見てきたたくさんの事例の中に、そして、我々の身の回りで起きている現象として、行政境を越えないレベルの移動はたくさんある。町を住みこなすことを考える場合には、「かたい定住」と同時に、「ゆるい定住」にも着目する必要があるだろう。

住宅地間の浸透現象

では、ゆるい定住がどのように起きているのかを見てみよう。3−1の写真は、どちらもバブル時代のころ、関西の都市郊外部に建てられたものであり、一つの道を隔てて、隣り合って

3–1　異なる住宅種別間を人びとは引越す

立地している。

数年前、この右側の団地を訪れ、ここの役員とお話ししたことがあった。この団地は建設当時、関西有数の憧れの高級住宅地であった。今も住民は建築協定をみんなで守り、住環境を維持することに熱心であるため、派手な増築や建て替えも起こらず、緑が豊かに成長し、良好な居住環境に成長している。しかし、建ってすでに四半世紀以上が経過し、高齢化も進んでいるとのことであった。

バブルがはじけて住宅の価格が多少は安くなったとはいえ、決して手ごろな値段ではなさそうなこの団地を見て、私は「高齢化が進むと、この広い家屋敷の管理が大変になってきて、家を手放さざるを得ない人も出てくるでしょう。そうしたら空き家が増えることになりませんか」と、素朴な質問をぶつけてみた。すると役員いわく、「確かに有料老人ホームに出ていかれて、空き家になったりはするけれど、すぐに買い手が見つかるんだよ」という。どこからその買い手がやってくるのかを聞いたところ、近年では、四世帯ほど、隣の3–1の左側の団地から引越してきているのだという。じつは、この団地ができたころ、私はその「隣の団地」に行ったことがあることを思い出した。

3-1の二つの団地の完成当時、学生だった私は、ぜひ実際に見てみたいと思って、写真を撮りに行った。そのときの私の目当ては左の写真にある住宅地の方であった。この住宅のデザインが、いかにも二十歳そこそこの若者が好みそうな、かっこいい感じであることは同意いただけると思う。若い人は、こんな住宅に惹かれやすい。しかし、道をたった一本隔てただけなのに、右側の写真の団地には足さえ踏み入れなかった。子育ても終わった今となっては、この緑豊かな広々とした環境で、和風を基本とした抑制のきいた環境に、素直にいいなと思うのだが、若い感覚にはなかなかこの良さが伝わるものではない。

実際、左側の団地は、家の大きさもそこそこで、値段も手ごろであったせいか、セオリー通りに「三五歳と生まれたて」がこぞって入居した。広さや値段ばかりでなく、住宅のデザインも、若い人を惹きつけるのに一役買っている。一方で、右側の団地は、家も敷地も広く、値段も当時億を超える代物であった。「三五歳と生まれたて」がおいそれと買えるような物件ではない。この憧れの団地に入居できたのは、ある程度歳のいった、すでにお金のたまっている個人事業主や会社の役員などが多かった。

それからほぼ四半世紀が経過しているわけで、左側の団地の家を買った人が当時三五歳だったとすると、今や六〇歳。リタイアの年代だ。六〇歳ではすでに子育ても終わって、孫もいそうかという年頃。会社を勤め上げて退職金をもらい、これから第二の人生がはじまろうとしているかもしれない。そこで気づくのがお隣の団地。

庭も広いので孫が来たら遊ばせられるし、家も広いので子どもも孫を連れて泊まりに来てもよい。場合によっては子どもと二世帯暮らしも可能だ。そして何より、バブルのころと比べると値段は格段に下がり、今の家を売って退職金をすこし足せば買えるような値段だ。若いころはかっこいい家がいいと感じてはいたが、この歳になるとシックで落ち着いた環境がたまらない……。おそらく、そんな背景で、左の団地から右の団地に引越す人が出てくるのだろう。

片や、右の家を買った人は当時五五歳前後だとしても今は八〇歳前後。そろそろ、広い家屋敷の管理や階段の上り下りが大変になってくる時期だ。今まだ少し動けるうちに、ケア付きの有料老人ホームに引越しておいた方がよさそうだ、などという考えになるのだろう。だがここで問題なのは、この住宅を買ってくれる人が、ちゃんと見つかるかどうかだ。せっかく高値で買った住宅を二束三文で売るわけにはいかない。しかも、老人ホームの入居一時金は決して安くはない。

このように、同じ地域で道を一本はさんだ、種類の異なる団地が約四半世紀をかけて変化した結果、あたかも一種の自然現象のように、その間に人間の移動が生じているのである。まるで、高校の生物や化学で習う「浸透」という現象のようだ。濃度の異なる二種の溶液の間に半透膜を設置すると、低濃度の方から高濃度の方へ、水などの溶媒が移動し、最終的には同じ濃度に近づくという現象である。

この浸透現象は、濃度の異なる溶液だからこそ起きるのである。濃度の同じ溶液どうしでは分子やイオンの移動は起きない。この団地の場合、団地や住宅の初期条件が異なっていて、それが、たまたま半透膜のような道を隔てて存在していたことが「浸透」の要因となっている。だからこそ、人びとの移動が生じ、その結果として、町の高齢化の偏在を食い止めるような現象が、自然に生じているのだろう。

しかし、当時これらの団地を設計した人びとは、こんな現象が四半世紀後に起きるとはきっと予想していなかっただろうし、今でも多くの人が、実際にこのような浸透現象のような引越しがいろいろな町で生じていることに気づいてはいないのかもしれない。

長い目で見ないと何が幸いするかはわからない

似たような例を、東京近郊のある町でもう一つ、目撃したことがあった。その地域では一九七〇年代あたりから、駅から少し離れたところの田畑をつぶして大規模な戸建て住宅地開発が進められた。そしてたくさんの「三五歳と生まれたて」がここに引越してきて、たくさんの夢を実現する町として成長していった。

その後、バブルの時期にさしかかり、駅前の宅地に高層マンションを何棟も建てるという開発計画がもちあがった。これに対し、すでに先住民となっていた、駅から離れた戸建て住宅地に住んでいた人たちは、せっかくののどかな環境が壊されてしまうと感じ、高層マンション建設に反対するようになった。しかし、法律上問題がなければ、こうした開発は実現してしまうのもまた世の常であり、結局、計画通りに駅前高層マンションが建てられたのである。

それからさらに時間が経ち、現在では、一九七〇年代に開発された戸建て住宅地は、住民の高齢化が課題となり、少しずつ空き家も出はじめるようになってきた。すると今度は、かつて建設反対運動の対象となっていた駅前の高層マンションを買った人たちが、そろそろ戸建て住宅に住みたい年頃となり、その戸建て住宅団地の空き家に引越してくるようになってきた。今ではこの戸建て団地にとって、駅前の高層マンションに住む人は、戸建ての中古物件や空き地を買ってくれる、大変ありがたい存在となっている。場合によっては、第一章で見た、新・住宅双六(1-9)の親子マンション「互助」の例のように、戸建て住宅の方に親世帯が住み、駅前マンションの方に子世帯が住む「近居」となっていることもあるだろうと想像する。

じつは、親子マンション「互助」の例は、親世帯も子世帯もともに都心の高層マンションに住む近居の図であった。これとほぼ同じ事例を次に紹介しよう。二〇〇三年に再開発によって解体された、同潤会江戸川アパートの建て替え後の例である。建て替え後に、九五歳のおばあちゃんにお話を伺った。

すでにご高齢だったので、さすがに子世帯と一緒に住んでいるのだろうと思って聞いてみると、引越し前と同じく、相変わらず一人暮らしをされていた。生活に困らないのですか、と聞いたところ、すぐ目の前の別のマンションに息子の家族が住んでいて、毎日のように孫と遊びに来るのだそうだ。

このように、分譲マンションも地域によっては、なくてはならない建物となることもあるのだ。だからといって、周囲の人びとの反対を押し切って、マンションをガンガン建てるべきだと言うつもりは毛頭ない。やはりその場にふさわしい形状の建物が建つべきであることは言うまでもないし、周辺の景観にそぐわないマンション建設の肩をもつつもりもない。ただ、同じ種類の住宅ばかりが立ち並ぶ環境の中で、適切に、異種の住宅をもち込んでおかないと、切実な転居ニーズや、適切な近居ニーズが満たされない場合があるということを念頭に置いておくべきだろう。戸建て住宅地の中での住宅の種別の多様性も重要ではあるが、集合住宅の内外に存在する住宅の種別の多様性も同時に重要であることが、これらの事例からわかるのである。

集合住宅内での住み替え

こうした、異なる種類の住宅間を長期間かけて住み替えていく現象は、地域レベルのみで起きているわけではない。同じ集合住宅内でも起きている。ここでは引き続き、同潤会江戸川アパートの例を見てみよう。

このアパートの敷地には、北側に六階建ての一号館と、南側に四階建ての二号館が建っていた。二号館は、今風に表記すれば2Ｋから4Ｋまでの家族向けの住戸から成り立っている。一号館も、四階までは家族向けの住戸だが、五階と六階部分は当初男子独身寮として供給された。ここもほかの同潤会アパートと同様戦後に払い下げを受けるのだが、戦後は五階と六階の独身室が転売されることが多かった。転売されて何に使われるのかというと、子どもの勉強部屋である。アパート値段と呼ばれる格安の値段で、受験生のいるような世帯がこれを買い求め、転売、転貸した。こうして江戸川アパートの独身室群は、いつも若者が割拠する、梁山泊のような様相を呈し、この中から幾人もの有名な文化人を輩出するという、ふ卵器のような役割を果たしていた。集合住宅の中に、独身寮という異種の住戸を混ぜることにより、この独身室群は、当初は想定されていなかった、家族の拡大や縮小を受け止めるバッファーゾーン的な役割を果たしていたのである。

これと似たような現象は、すでに第二章の代官山アパートの独身室のところでも触れたのだが、同潤会アパートでは、同じアパートの中に独身室群を配置することが多かった。関東大震災の復興住宅として設計されたのだが、当時の復興住宅の考え方はおそらく「町自体が被災したのだから、町を復興せねばならない」という方針だったのだろう。だから、復興住宅を設計する際には、単に住宅ばかり、しかも、家族向けの住宅ばかりをつくるのではなく、東京の町を江戸時代から底支えしてくれている、単身の若者たちの住宅もつくらねばならないという発想が当然のようにあったに違いない。そして同潤会アパートが、共同浴場や共同食堂や理髪店や店舗や集会所や医務室などといった、いわゆる社会施設を住宅群に併置することに心を砕いていたことも、おそらく、「住宅だけの復興」ではなく「町の復興」に焦点を当てていたことが背景にあったと考えられる。阪神・淡路大震災や東日本大震災のときの復興住宅とは、かなり異なるコンセプトである。

このように、集合住宅の中に異種の住戸を入れ込むと、多様な住みこなしにつながりやすいことは、第二章で紹介した私の家の近居にも当てはまる。私が移り住んだ分譲マンションは二棟で成り立っている。私が住んでいる住棟は七〇平方メートル代の広さの住宅ばかりで構成されているが、義理の両親が借りて住んでいる住棟は五〇平方メートル前後の広さの住戸で構成されている。すると、七〇平方メートルの住棟は、核家族が分譲住宅のまま長く住むようなエリアとなり、五〇平方メートルの住棟は、すぐに賃貸に出されたり、オフィス兼用にされたりして、比較的短期で住み替えられるようなエリアとなる。そして、私の義理の両親のように、賃貸で、近居を目的に「離れ」的に住まわれたりするのである。

さて、3-2は一九三四年に竣工した同潤会江戸川アパート内での、過去六十余年にわたる引越しの全貌を示したものである。ただし、ここでは家族向け住戸から独身室への移動は表現していない。それを表現してしまうと、あまりに真っ黒になるからである。だからここでは、家族向けの住戸間、そして、独身室の住戸間の移動のみを示している。

この図を見て気づくことは、家族向けの住戸においては、基本的に下の階から上の階に引越しが行われる例が多いことであろう。その理由は、下の階よりも上の階の方が、日当たりや通風がいいからである。また、緑の多いこのアパートでは、夏になると蚊が湧いて困るのだが、蚊は三階あたりまでしか上がってこないと言う居住者が多かった。この引越しの記録は住民がまだ若かった昭和時代のものを中心としているので、階段が多くて大変になることよりもむしろ、居住空間の快適さが求められたのであろう。一般には、超高齢社会の現在では逆に、上の階から下の階への引越しが重要になりつつある。

一方、独身室群での住み替えを見てみると、一見ランダムに引越しているように見えるが、ここでもやはり、よりよい環境を求めて人びとは引越しているのである。独身室が並ぶ階には、中廊下があり、その北側と南側、あるいは東側と西側に個室が並ぶわけだが、多くの場合、北側よりは南側、西側よりは東側の方が居住環境がよい。ただし、絵画や彫刻や写真などをやっている場合は、北面からの採光の方が南面からの直射日光より、安定的な光環境が得られやすいので、芸術系の若者には、北側の住戸が好まれた。

この江戸川アパート内での引越しの事例でわかることは、同じ建物であっても、人びとはよりよい環境を求めて引越しているということである。たとえ一階だけ上への引越しでも、たとえ廊下一つはさんだお向いへの引越しでも、住み替えが起きるのである。もちろん、より広い間取りに住みたいというのもあろうが、ほぼ同じ面積や間取りなのに移動している人が多いのである。

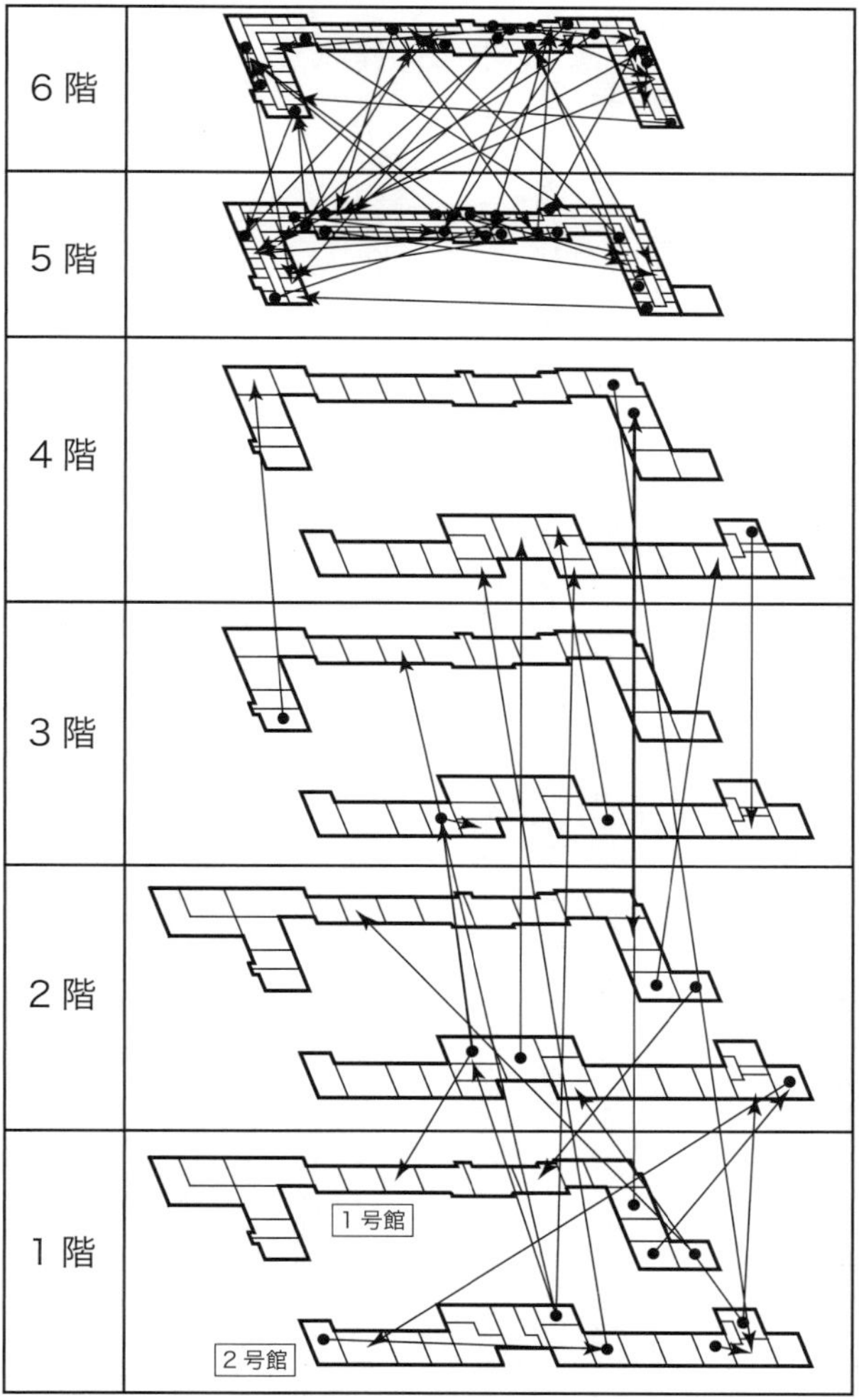

3–2　江戸川アパート内での住み替え

ゆるい定住と地域循環居住

これまで紹介してきた事例に共通することは、戸建て住宅地であろうが、集合住宅団地だろうが、あるいは両者を含んだ地域であろうが、とにかく町の中に存在する住宅の種別が異なっていること、すなわち、「住宅種別の多様性」が、いかに地域内の住み替えを担保しているか、ということである。地域の中に、多様な種類の住宅があればこそ、自分の身体状況や家庭状況や経済状況の変化に応じて、人びとは住み慣れた町を離れることなく、ゆるい定住ができるのである。

そして、ここでいう住宅種別の多様性も、じつに多様な要素から構成されていることがわかる。その要素たりうるものを列挙すると、「間取りや広さ」「賃貸か分譲か」「家賃や売買価格」「戸建てか集合かといった建物形式」「建物のデザインなどの見栄え」などがまず思い浮かぶかもしれない。だが、これらがすべて同じであってもなお、江戸川アパートのように、「日の当たり方」「蚊がやってくるかどうか」といった、些細ではあるが、日常生活上きわめて重要な要素によって、引越しの決断がなされたりするのである。

さらに、その地域ではどんな教育や福祉のサービスが受けられるかといった、まさに行政が担うべき領域も、引越しを決定する要素となりうるし、近所に頼れる家族が住んでいるかどうかも重要なことだってある。もちろん、近隣にお付き合いしていて頼りになる素晴らしい人びとが住んでいたり、窓から見える景色が気に入っていたり、というのも重要な要素である。

こうしたことを考えたうえで、個人の事情の変化に柔軟に対応できるような「ゆるい定住」を可能にするような町は、果たしてどのようにできるのだろうか。それは、やはり一つの町の中に多様な種別の住宅が混在し、さらに、そこに多様に選べるサービスが混在する中で、人びとの住宅双六的な移り住みが滞りなくできるような町に仕立てていくことしかないだろう。3－3は、町の中に賃貸アパートから、分譲マンションや戸建て住宅まで、多様なラインアップの住宅があってこそ、地域循環居住ができる町となるのだということを表している。「地域循環居住」を考えることが、今後の町のつくり変えにとって重要になっていくに違いない。

ただ地域循環居住を考えていくうえで、ここで紹介した事例に共通して欠如している事柄があることを告白せねばならない。それは、いずれの事例においても、高齢化によってその住宅にとうとう住めなくなった人びとの行き先のことが、まだ不明な点である。この高齢期の居住問題こそ、戦後できた数多くのニュータウン群が直面している事態の核心であったりする。

第一章で見た新・住宅双六（1－9）では、長寿化に伴い、新たに六つの老後の住まいが提示

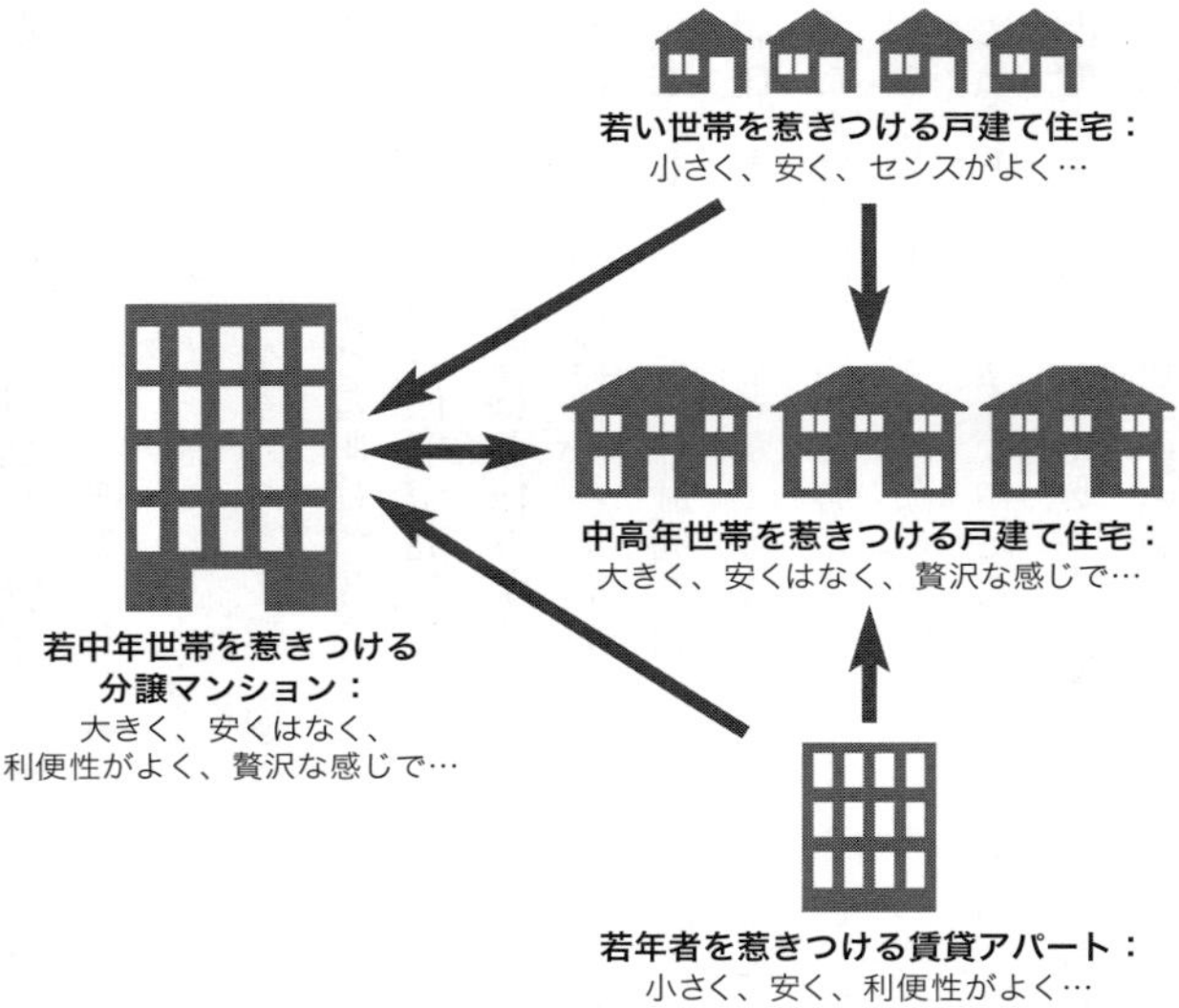
若い世帯を惹きつける戸建て住宅：
小さく、安く、センスがよく…
中高年世帯を惹きつける戸建て住宅：
大きく、安くはなく、贅沢な感じで…
若中年世帯を惹きつける
分譲マンション：
大きく、安くはなく、
利便性がよく、贅沢な感じで…
若年者を惹きつける賃貸アパート：
小さく、安く、利便性がよく…

3–3　地域循環居住を支える町の住宅種別の多様性

されたが、こうした新しい「上り」が、地域循環居住の中に位置づけられてこそ、安心して住まえる地域社会が実現するのだろう。二〇一一年に国交省と厚労省によって制度化された、サービス付き高齢者向け住宅（サ高住）は、地域で今後必要とされる高齢者たちの移住先として注目されたし、そこそこの数は建設されたのだが、その立地が課題となっている。

施設建設の初期投資額を減らすために、サ高住の立地は、それを必要とする町ではなく、むしろ市域の端の山裾の、誰も住んでいないような場所となってしまうことがしばしば起きている。

こうした高齢者施設は、ニンビー施設とされがちでもあるので、辺鄙な場所へのサ高住立地は、地域循環居住を補完する手段とはなかなかならないのである。これは、認知症グループホームや、特別養護老人ホーム（特養）なども同じことである。こうした施設を、その数ばかりでなく、立地を適正に誘導する策こそ、いま行政に求められていることなのだと思う。

これとは逆に、すでに述べてきたように、若者が住むための賃貸アパートも同時に、地域循環居住の計画の中に仕組んでおくべきであろう。

老若男女がどんな家族形態であるときにも住めるような、地域循環居住が可能な状況の中ではじめて、持続性をもって町が住みこなされて、ゆるい定住環境が実現できるのである。もちろん、全員がゆるい定住をしなければならないわけでもないし、たくさんの新陳代謝があった方が、町はかえって活気づくことも事実である。一定の割合の人がゆるい定住をし、一定の割合の人が入れ替わる。こうした、いわば町の自然な新陳代謝のようなものが、町を急激にいびつに変化させせない、いわば恒常性（ホメオスタシス）をもたらしてくれるのだろう。

2　同じ町の中で移り住むこと――Gターン

時間差で開発された町

いくつかの住宅地を調査していて気づくことがある。それは、町を少しずつ、時間差をもって、段階的につくった場合には、「三五歳と生まれたて」を受け入れる場所が少しずつ変わっていくので、全体としては、バランスのとれた住宅地に近づいていくということである。段階的に開発した住宅地ではおのずと新旧の住宅が存在することになり、それらの住宅間での住み替えが起きやすくなって年齢の偏りが平準化されるのではないかということである。

そこで、中部地方で一〇年ほどの間隔をあけて三期にわたって段階的に開発された総戸数三〇〇〇を超す大団地を調べてみた。ここは3-4に示すように、一九七四年に団地の東側で最初の開発がなされ、続いて八四年にその西隣が、そして九五年に団地の西側が開発されたところだ。

地元の自治会組織の協力を得て、アンケートやインタビューを実施し、ほぼ三世帯に二世帯の割合の協力を得て、団地内での住み替えがどれくらい起きているかを調べてみた。

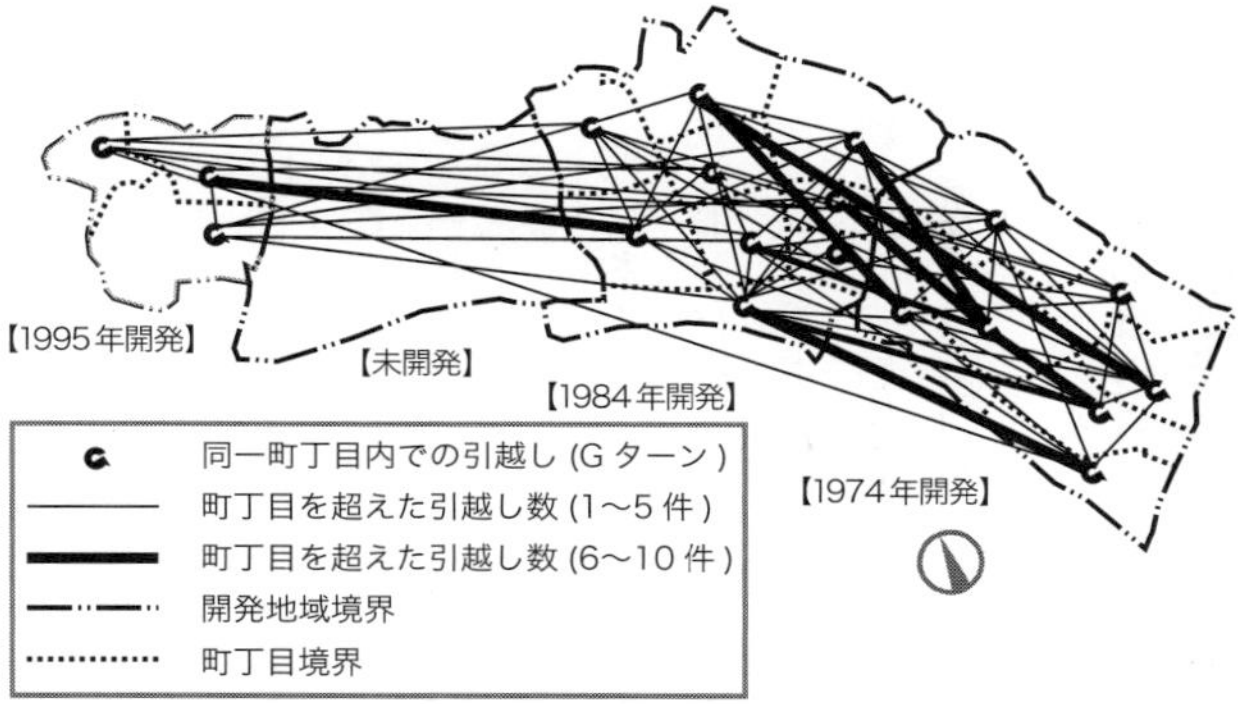

3-4　団地内での住み替え

結論からいうと、団地内で住み替えたことがない世帯が九割ほどで、住み替え経験世帯は一割程度であった。一割程度といえば、少なさそうに聞こえてしまうが、逆にいうと、少なくとも一〇世帯に一世帯はこの団地の中で住み替えた経験があるわけで、こう考えると、予想よりは多いのではないか。それを図示してみれば3-4のようになるのだが、引越し元と引越し先を線でつないだだけでも、人びとがかなり移動している様子がわかるだろう。

この結果を自治会の皆さんにお示ししたら、多くの方が驚いていた。「こんなにも団地の中で引越ししているのか」と。つまり、引越し先など探せばいくらでもありそうなのに、こんなにも多くの人びとが、団地外に引越しもせずに、わざわざ同じ団地を引越し先にしているのか、という驚きである。この驚きはそのまま、「こんなにも多くの人が、この団地の環境を気に入ってくれて、家は住みにくくなったけど、町は住みよいので、この団地の中で引越しているんだな」という、居住者自身による町の評価の向上につながったのである。

どうしてこのようなことが起きるのかというと、時間差をもって開発することによって、いま自分が住んでいる住宅や周りの環境とは異なる形の住宅が、同じ団地の中に提供されるからである。一九七四年の第一期の開発のエリアは、二五年ほど経っているのですでにオールド・ニュータウン化しつつある。高齢者も多い。ところが、八四年の第二期の開発エリアは、高齢化しつつはあるものの、まだまだ元気だ。しかも、開発時期がバブルのさなかでもあったので、第一期よりは区画も少し広く、家も少し広いし、デザインもわりと頑張ったものが建っている。そして、未開発エリアを挟んでバブルが過ぎた一九九五年に開発された第三期は、もっとも住宅が新しいし、居住者層も若い。

このような段階的開発によって生まれた近域ごとの差異が、団地内での人びとの移動を生むのである。

この調査ではさらに、団地内近居の様子も調べてみた(3-5)。二〇〇〇件程度のアンケートの回答の中で、三〇〇件を超す団地内近居が確認できた。ここでも、第一期から第三期にま

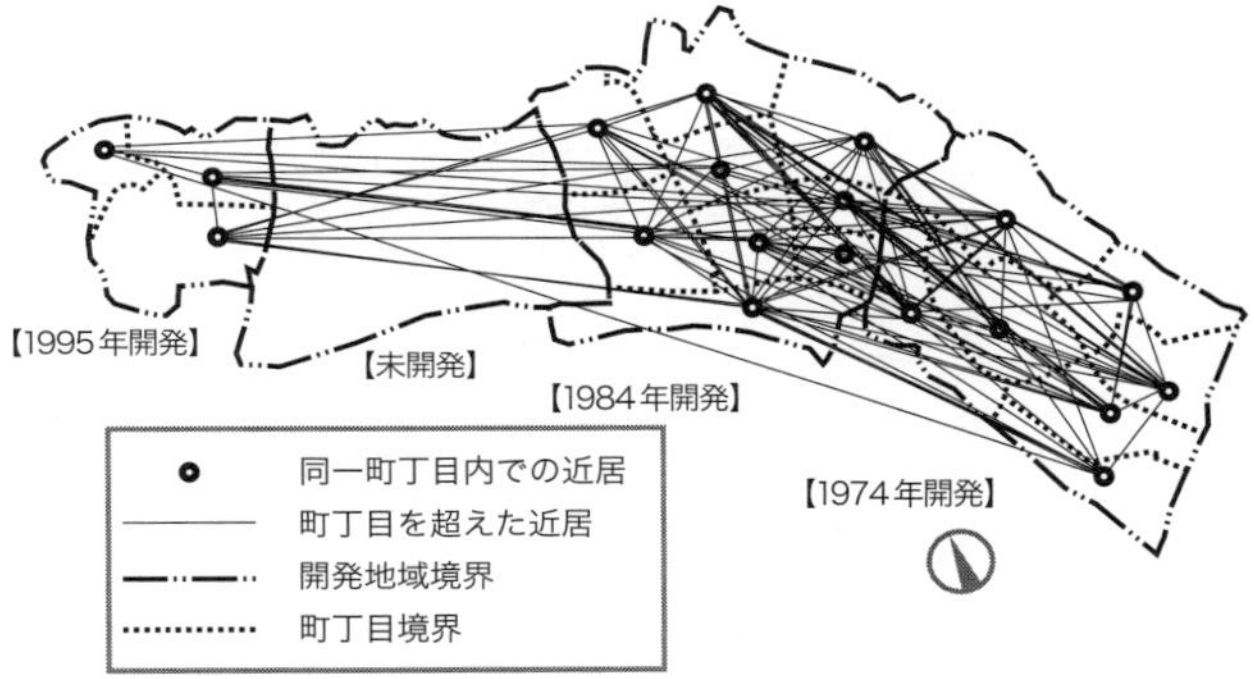

3-5　団地内での近居

たがって、まんべんなく近居が行われている。

それぞれの開発エリアに最初に入居する人びとが「三五歳と生まれたて」の世帯であっても、その一割を超すくらいの人びとが、このような形で団地内を移り住んだり、あるいは、呼び寄せや世帯分離を通して近居を行ったりできるのは、同じ団地内に開発時期の差があることによって、団地内に物理的、社会的に異なる環境の住宅が存在するようになったことが影響しているのではないかと考えている。

ただし、この団地の場合も、若い人が住めるような、あるいはひとり親世帯が住めるような賃貸アパートは用意されてはいないし、サ高住が団地内にあるわけではない。これは、この団地のこれから先の課題ではあるのだが、じつをいうと、この団地の周りにはすでに賃貸アパートが多数存在しているのである。調べてはいないが、こうした団地周辺の個別の開発エリアとも密接な関係をもって、団地が成り立っているのだ。

何よりも重要なのは、この団地の環境を気に入っている人がある一定割合いるということである。どんなに町の中の住宅種別を多様にしても、その町を気に入ってもらえなければ、人びとは町から出ていくのである。町を気に入ってもらってはじめて、ゆるくその町に定住してもらうことを考えることができるのだ。

UJターンとGターン

Uターンというのは、いったん都会に出ていったあとに、生まれ育ったエリアに戻ってくる現象である。三〇年以上経ったニュータウンでは、近居をきっかけに、Uターンで戻ってくるパターンが増えつつある。Jターンは、生まれ育ったエリアまでは戻ってこないものの、その近くのエリアまで戻ってくる現象である。ニュータウンで育ち、ニュータウンに親はまだ住んではいるが、勤め先の関係か何かでニュータウンのそばの別の町に住んでいるというパターンである。そして、Iターンとは、これまで縁もゆかりもなかったエリアに、よそから移住してくることである。近年、地方自治体ではこのIターンによって住み移ってくる人びとの争奪戦を繰り広げているが、定住促進住宅をポンと建てたからといって、すぐにIターン希望者がやってくるというわけでもない。

これらUJIターンが、これまで行政が取り組んできた地方定住促進のキーワードだったわけであるが、これに加えてOターンというのもあるようだ。いったんはUターンして戻っては来てみたが、やはり田舎には馴染めず、再び都会に戻っていくというパターンである。

ほかにも、〇〇ターンというのは、いろいろと提唱されているようだが、まずは、本書でこれから提案しようと思っているGターンに近い概念であるCターンから説明しておこう。Cターンは二〇一二年の野田香里監督の映画のタイトルにもなっているが、このCはChildのCであり、Cターンというのは、東日本大震災での経験を踏まえ、子育てをきっかけとして移住する現象を指している。この映画が撮影されたのが熊本市であったことと、一六年の熊本大地震によって、再び脚光を浴びている映画だ。つまりこの「C」は、移住の動機を表しているのである。

3‐4の団地内での住み替えの図の中で、同一町丁目内での住み替えを、Gの字のような矢印で表現しているが、これが「Gターン」である。これを狭義のGターンとするなら、団地全体、もしくは近隣の地域も含めた「ゆるい定住」のための引越しは、広義のGターンだといえよう。第二章で見た2‐10を再びご覧いただきたい。あるオールド・ニュータウンの中の空き家が、どんな人によって埋められていっているかという図である。この中に、戸建て持ち家、戸建て賃貸、賃貸アパートのシルエットが描かれているが、そのわきに輪っかに矢印をつけた、ちょっとGの字をしたような記号が書き込んであるが、これもGターンである。同じ町の中で、戸建て持ち家から戸建て持ち家へ引越す。あるいは、戸建て賃貸から戸建て賃貸へ、そして、賃貸アパートから賃貸アパートへという動きもGターンだ。さらに本章で述べた、同潤会アパート内の引越しもGターンの一種といえよう。そして、本章で見てきたような、同じ町で道路一本隔てたところの若者向けの戸建て住宅から壮年向けの戸建て住宅に引越すようなパターンも、Gターンに含めたい。

このGターンは、これまで行政にとっては、地域の人口が増えるわけでも減るわけでもないので、さして注目されてはこなかったのだが、ゆるい定住が行われている割合や、地域の拠点化の度合いを推し量るのに使える指標ではないかと考えている。今後、Gターンがどのように生じるかを分析し、さらにGターンをどう誘導できるのかを考えることが、町に持続力をつけていくために重要となるだろう。

3　町が「地元」になること

住めば都

ここではまず、町を気に入ってもらうということは一体どういうことなのかを考えてみよう。これまで見てきたように、人間というのは時間とともに、いろいろなタイプの生活者であることを遍歴する。例えば、一五歳と四五歳と七五歳の大月君は、同じDNAをもち、同じ名前で呼ばれ、同じ戸籍に登録されながら生きているには違いないが、年齢によってその生態がかなり異なることは容易に想像がつくだろう。もちろんその時々で、住宅への要望や住宅をとりまく町に対する要望が、かなり異なってくるのである。

例えば、一五歳の大月君はプライバシーの高い部屋を望んでいる。あまり親に干渉されたくないので、ダイニングにもリビングにもあまり顔を出さない。そのかわり、学校の帰りに寄り道できるゲームセンターやコンビニ、いろいろな都会的な商品を豊富にそろえているお店や、多少遅くまで遊んでも怒られない友達の家といった環境を、町に欲している。

例えば、四五歳の大月君がほしい住宅は、女房子どもから干渉されない書斎があることだ。

でも、子どもには自分の部屋に引きこもってほしくはない。そのかわり、ダイニングやリビングは家族でにぎわっていてほしい。たまに、自分で釣ってきた魚を料理して、人でも呼んで振る舞ってみたい。町には、ちょっと一杯ひっかけることのできる馴染みの赤提灯があれば素敵だ。あるいは休みの日に、一人でほっとできる気の利いた喫茶店があればなおよい。

例えば、七五歳の大月君は、そろそろ体がいうことをきかなくなってきた。住宅が広いと掃除も大変だけど、狭くていろいろなモノが転がっていると転倒の危険がある。部屋もモノも整理してコンパクトを心掛けなければならない。そして人間関係も、そろそろコンパクト化しなければならないかもしれない。でも、娘がたまに孫を連れて遊びに来るときに、思いっきりはしゃいでもらえるような部屋の広さは必要だ。家の外は静かな方がいい。歩いていける図書館などがあって、朝はのんびりそこで新聞など読んで、顔見知りの人と少しだけ世間話をして、帰りに気の利いた喫茶店にでも寄って帰ることができればいい。そして、自分や妻に何かあったとき困らないような、安心な病院、サ高住、有料老人ホーム、特養が、一通りそろった町になってくれれば安心なのだが。

こんなふうに、同じＤＮＡをもった人間でも、年頃に応じて、住宅や町へ要望することはころころと変わるものである。住宅や町は、このように大変わがままに遍歴する人間の要求の変化を、タイミングよく受け入れなければならない。

住宅については、増築したり、リフォームしたり、引越ししたりして、自分の要求に近いところにもっていくことができる。しかし、町の方は、基本的には引越ししなければ、自分のニーズには合わない。ただ、「住めば都」という言葉があるように、一つ所に我慢してずっと住んでいれば、だんだんと町の環境に、自分自身のニーズがシンクロしてくる場合もあるだろう。これは、人間の方が町の環境に適応していくという側面もあるだろうが、逆に、町の方が時間をかけて人間の要求に合わせて変化してくれるという側面もあるのではないだろうか。時とともに、町がそこに住む人びとのニーズの変化に応じて変わってくれることだってありうる。あるいは、行政にそれを要望して、時間をかけて実現する場合もあるかもしれない。

町は生活の薬箱

最初から町が多様な種類の人間によって住まわれていれば、その町はそれぞれの年頃の人に対して多様なニーズに応えざるを得ないのだろうが、新規開発された多くの住宅地ではそれは望めない。そうした町は必ず「三五歳と生まれたて」の要求を満たすようにつくられる。もっといってしまえば、彼らの要求のみを満たすようにつくられるのが普通である。

ただ、居住者たちが歳を重ねていくにつれ、町に要求される事柄も変化する。このことを通じて、町も少しずつ変わっていくということもある。ここで居住者のニーズが多様に変化することができれば、町も多様なニーズに応えるように歳を重ねるに違いないが、これまでに見てきたモノトーンの住宅地では、居住者のニーズが変わっても、それはニーズのピークがシフトするだけである。わかりやすい例でいえば、町がはじまった当初は、保育園だの小学校だのが足りないが、三〇年もすれば、学校は統廃合され、空きビルとなる一方で、高齢者サービス施設が足りなくなるといった現象にしかならないのである。

こうした意味でも、町自体が多様化するように歳を重ねるためには、居住者自身の属性も多様化しなければならないし、もしこうしたことが望めないなら、その町はその支配的な年齢層以外の人びとのニーズを受け入れられずに、滅びていくことになりかねない。

逆に、そこで時間を重ねて変化していく人びとの多様なニーズを丁寧に受け止めながら町が成長していくことができれば、その町は「生活の薬箱」ともいえるような環境となるだろう。

人間は生活上の課題を、いろいろな方法で解きながら、日々の生活を送っている。時にはその課題を、町がもっている機能で解決してくれることもあるだろう。例えば、一五歳の大月君にコンビニやゲームセンターを提供してくれたり、四五歳の大月君にほっと息のつける赤提灯を提供してくれたり、七五歳の大月君には毎朝寄れる図書館を提供してくれたりすることだってあるだろう。娘夫婦が孫を連れて近くに移り住んでくれるのも、歳老いて何かあったときに安心なサービスが提供されるのも、町がもっている機能によって生活課題を解くのを手伝ってくれているからだと考えることもできるだろう。

人は町の中の空間や町に住む人びとの中に、ある種の資源を発見して、それを利用しながら自らの生活課題を解決していく体験を積んでいく。そうやって長年、町に助けられながら暮らしている人びとにとっては、「そういうときにはここに行くもんだ」とか、「そういうときには誰々さんに相談すれば解決するんだ」というような、解決のための薬が町のあちこちに点在していることが体得されてくる。ある人にとって、時間をかけて町全体があたかも薬箱のような存在になること、そのことをもって、我々は「住めば都」と表現するのだろう。

拠点化されて地元となる

ところで、四五歳の大月君がほっと一息つける赤提灯は、どのように発見されるのだろうか。その店が四五歳の大月君にとってベストの赤提灯だということは、ネットのお店ランキングなどには載ってはいない。通常、似たようなお店を試行錯誤して、何回も通いながら、ここは自分の薬だと思える場所を発見するわけだ。そうした意味では、発見というよりも関係性の構築に近いかもしれない。店の常連客的な立場を獲得するためには、店主にとっても、よい馴染みの客として振る舞わねばならない。よい常連客としての振る舞い方も、何回も通いながら、少しずつ身につけなければならない。

また、この赤提灯だけが、四五歳の大月君の唯一のほっとできる場所であるとするならば、それはまた寂しいことかもしれない。たまに家族と行く居酒屋や、遠くから来た親友を連れていくためのバーも、ちょっとのどを潤すだけの立ち飲み屋もあった方がよい。その時々の症状に応じて、さまざまな薬が処方されるような町が、四五歳の大月君にとっては、いい町に違いない。だが、そうした町は四五歳の大月君とその同年配だけの活動のみによって成形されるものではない。町にいろいろな人がうごめきながら、それぞれが訴える症状を少しずつ緩和する店々がラインアップされてこそ、多様な人びとにとっての薬箱と思える町が出来上がるのであろう。

このようにして、ある人にとってその町が薬箱のように見えてくると、今住んでいる住宅に不具合があって、引越さねばならない事態になったとしても、なるべくこの薬箱を手放さないようにしたくなるに違いない。当然、この町に住んでいる見知った人びととのつながりも含めての薬箱なわけだから、住宅に不具合があるだけだったら、近所に引越せばいいということになる。また、この町が自分の薬箱のように思えるまでに、自分がこの町に費やした時間とエネルギーは莫大だ。しかも、その時間の蓄積はそのまま町での暮らしの思い出でもある。

こういうこともあり、この町が「住めば都」的に思えてくると、家族や親類や友達までをも呼んで、「そんなんだったらこの近くに引越せばいいよ。いい物件見つけてやるよ」といった具合になって、近居が増えてくるようになり、さらにこの町を離れ難いものとしていくのであろう。こうして町は、居続けたいと思った人びとによって、時間をかけて拠点化されていくのである。そうして拠点化された結果、この町を人びとは「地元」と呼ぶようになる。Gターンの G は地元の G でもある（本当は J かもしれないが）。

だが、すべての人びとが町を拠点化するわけではないし、町を拠点化した人びとが偉いわけでも何でもない。経験的にいうと、ざっくり一割から三割程度の人びとが、その町を意識的に、また無意識的に拠点化しようと感じているのではないかと思う。じつはこの数値、いろいろな地域で近居を実践している人びとの割合に近い。どんな地域でも、そこを拠点化してもいいなと思っている人と、そうでもない人は一定割合いるものだ。もちろん、泣く泣く拠点を離れなければならない人もいるだろうし、一刻も早く引越したいのだが、なかなかその道が開けずに困っている人もいるだろう。

このように、「町の拠点化」というのは、ある一定割合の人びとの、ゆるい定住現象を説明するためのキャッチフレーズでもある。逆にいえば、住民から拠点化もされないような町では、町の持続性の観点から困ったことになってしまう。したがって、このフレーズは、そこに居続けて町を育てる責務を負い続けている行政の仕事のためにも、有効だと思っている。

新規住宅地ならば、せめて一割から三割くらいまでの人びとが、その町を拠点化しようと思うような町を目指すことが、今後の町のつくり変えにとっての重要なテーマの一つとなるのではないだろうか。

第四章　居場所

町のあちこちに主感《あるじ》のある場を

1　仮設住宅から学ぶ

阪神・淡路大震災から東日本大震災へ

二〇一一年三月、東日本大震災が起きたとき、私はケニアのスラムで住宅の調査をしていたのだが、見たことのない大津波が町や車や人を襲うのをテレビで見て、これは何とかせねばならないと思った。だが、遠い異国の地にいて日本へ帰る便も欠航続き。BBCやCNNを見ながら悶々としていた。そして、阪神・淡路大震災のことを思い出していた。

阪神・淡路大震災のときは大学院の博士課程の学生として東京にいたのだが、本当にこういうことが起こりうるのかという呆然とした気持ちであった。とにかくこの目で見なくてはと思い、数日後に現場に向かった。当時ようやく活発になりかけていたボランティアに参加するわけでもなく、知り合いを見舞いに行くついでに、被災地を検分してきた。その後何度か通ったのだが、やがてテント村や仮設住宅が建ちはじめて、そこで住宅や町にまつわる諸問題がいろいろと噴出しているのを感じた。

家の近くの公園に身を寄せて、多少の民間援助を受けながらも自力で仮の村を建設し、復興を成し遂げようとする人びと（4−1a）は、公共空間の不法占拠という形で合法的に追い出されようとしていた。他方で、避難所やテント村から出た人びとは、埋め立て地（4−1b）や山を切り開いてつくられた造成しかけのニュータウン（4−1c）に出現した、ひたすらずらっと建ち並んだ鉄骨プレハブの仮設住宅群に、抽選で入居するようになった。

やがてこれらの仮設住宅で問題になったのが、高齢者の孤独死であった。報道によると、二〇〇人を優に超す方々がこの仮設住宅暮らしで亡くなったという。孤独死に至らずとも、造成

a　テント村

b　埋め立て地の仮設住宅

c　西神ニュータウンの仮設住宅群

4−1　阪神・淡路大震災被災時のさまざまな移住先

しかけの、周りに町がないニュータウンの片隅にずらっと並べられた仮設住宅には、集会所はもとより、店舗のようなものは一切つくられなかった。仮設に住んでいる人に聞いてみると、一番近くのスーパーまで一キロは歩かねばならないという。そのスーパーまで買い物に行こうと広い道の端を歩いていたおばあさんが、車にはねられたとも聞いた。

被災したのは、町そのものである。町は当然、住宅のみで成り立っているわけではない。地震で壊れた町には、お店も、集まる場所も、働く場もあったはずだ。被災地の様子を写真に撮ると、まず住宅がたくさん被災している様子が写るので、あわてて住宅のみを復興しようという単純な理屈でこうなっているのだろうか。いくら仮設とはいえ、住宅のみでできた町に、人びとが住めるわけがない。

このため、一部では「仮設住宅」ではなく、「仮設市街地」をこそ建設すべきだとして、コンテナで神戸の市街地に住宅以外の町の機能を織り込んだ仮設住宅を建設しようという動きもあったのだが、当時この考えはなかなか広まらなかった。

孤独死はどう防げるのか

さて、二〇一一年三月末にケニアから日本に戻ってきたところ、私も運営委員をやっている東京大学の高齢社会総合研究機構（ＩＯＧ）から緊急招集がかかった。東日本大震災への対応について協議するというのである。ＩＯＧは、超高齢社会を世界に先駆けて迎える日本でこそ、長寿社会を支えるこれまでにない新しいソフト／ハードの技術をさまざまにつくり上げ、それを世界発信するべきだという理念のもと、総長の直属組織として結成された機関である。医学・看護学・法学・経済学……といったさまざまな分野で、高齢化社会の課題について関心のある領域の研究者たちを呼び集めてつくったものであった。

緊急招集された会議では、すでに医療・看護の専門家たちは自ら現地に赴き、被災地支援の第一線に立たれているが、東京に残っている我々は何をすべきだろうか、ということがテーマとなった。いろいろと議論された中で、やはり、人命救助の次のステップとして、避難所や仮設住宅という仮の住まいで起こりうる高齢者の課題に対応できないか、ということになり、ひとまず、政府が今後たくさん建てると言っている仮設住宅のモデルとなるようなプランをつくって実現してみようということになった。当然、阪神・淡路大震災の仮設住宅で経験した孤独死や高齢者の孤立などをどのように解決すべきかも、テーマとなった。

医・職・住を備えた仮設住宅

その仮設団地に関しての建築提案は私の担当となったため、大学院生の有志を集めて、三週間程度で、「コミュニティケア型仮設住宅」を提案した。ちなみにこのネーミングは、都市計画が専門で、のちにIOG機構長となる大方潤一郎さんによるものであった。

この提案は、五月の一日から三日にかけて弾丸営業活動を展開した結果、岩手県の釜石市と遠野市で受け入れられ、それぞれ「平田《へいた》第六仮設住宅」、「希望の郷「絆」」として建設された。弾丸営業活動というのは、当時現地ではガソリンが不足していたので、A級ライセンスをもつ、当時IOG機構長だった機械工学が専門の鎌田実さんがエコカーを運転し、それに、行政経験豊かな辻哲夫さんが東大とゆかりの深い岩手県の各行政と連絡をとって、都市計画が専門の小泉秀樹さんや、後藤純さんが都市計画担当部局とわたりあい、私が建物の説明をするという、異分野横断型の営業活動であった。

さて、この提案の第一の主張はまず、ひたすら住宅ばかり建てるのではいけない、ということであった。世間では「○○戸足りない！」という言い方をするが、これはまるで、高度成長期の住宅不足のときの住宅政策のスローガンと同じだった。確かに、このことも真剣に考えねばなるまいが、今回の震災では、数だけこなして早かろう悪かろうの仮設団地を大量につくっ

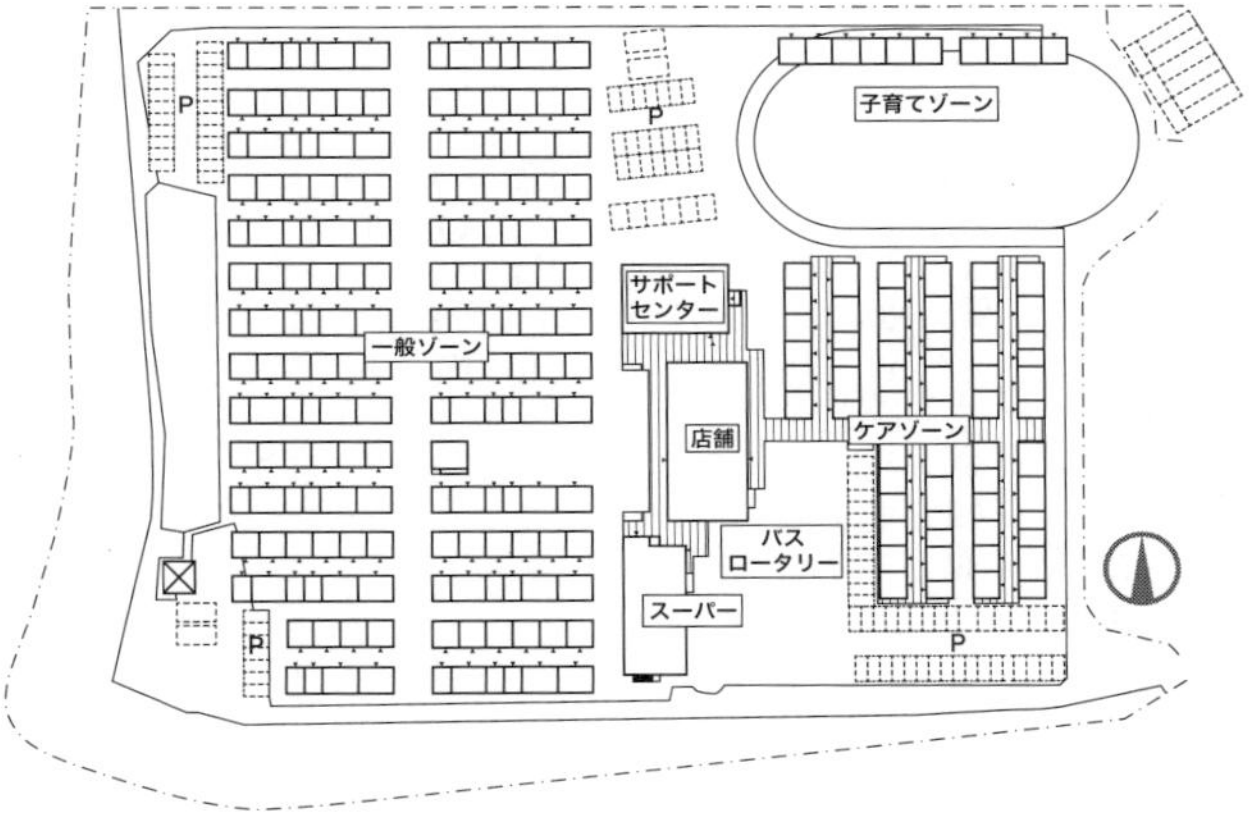

4-2　釜石市平田第六仮設住宅

てはならないという思いがあった。

阪神・淡路大震災の仮設住宅が解消したのは五年目のことだった。今回は、町全体が津波に流され、巨大堤防や大規模かさ上げののちに、町が再びつくられる復興計画が多いわけだから、六、七年は耐えしのぐことができる居住環境をつくらねばならないということで、「医・職・住」という言葉に託し、計画案に住宅以外の機能を入れることとした。

「医」とは、医療を含む福祉全体の領域を指す。東日本大震災の場合、サポートセンターという名称の、デイサービスセンターの機能をもつ集会所の建設を補助するという通知が出された。提案では、サポートセンターの中に、ちょっとした診療所のようなものを併設することも考えた。4―2は、実現した釜石市の平田第六仮設住宅の配置図であるが、この中にサポートセンターとあるのがそれである。この中には、地元医師会のご協力で、週に数回お医者さんが来てくれる診療所を併設できた。

つぎに、「職」であるが、これはもちろん「食」のもじりである。食べるためには働かねばならない、そこで「食」の延長としての「職」も重要になる。当然、家の近所で食材が調達できるのが町らしい町であり、そこに働く場が生まれる。これが「職」につながる。平田第六仮設住宅の近くの被災地では、住宅ばかりでなく、さまざまな店舗やスーパーや各種事業所といった、働く場も津波で流された。そこで、仮設住宅を「町」にするために、仮設店舗、仮設スーパーも計画した。そして、そこを釜石の中心市街地と結ぶために、各方面の協力を得ながら路線バスを誘致し、バス停の待合所やロータリーもつくった。

そして「住」は、もちろん住宅である。レイアウトの手法としては、いわゆる南面平行配置という、東西の通路を通って各住戸の北側の玄関から家に入るというパターンを繰り返し配置するものであり、まさに並べただけ、という感じのレイアウトが、当時一般の仮設住宅には採用されていた。この並べ方に少し工夫をしてみて、住宅の周りに出会いの場と居場所を創出しようというのが、我々の提案であった。

ケアゾーン

我々が提案した「住」の空間はさらに、「ケアゾーン」「一般ゾーン」「子育てゾーン」に分けられた。当然のことながら、被災地にも老若男女が住んでいる。高齢で介護が必要な人や震災でけがをされた人、家族を亡くされて落ち込んでいる人もいる。こうした人びとは、ゆるやかな見守りやケアが必要な人びとだ。一日中、住宅の周りにいることも多いが、なるべく引きこもらないで、機会を見つけて積極的に家の外に出てほしい。こうした人びとのために「ケアゾーン」を提案した。

震災直後、南面平行配置では人びとが自然に出会うチャンスを失い、コミュニティ形成が疎外されるとして、建築家の山本理顕さんがいち早く、住宅の入り口を向かい合わせとした仮設住宅の配置とすべきだということをネットを通して訴えていた。私もこれに深く共感し、ケアゾーンでは、これにバリアフリーという要素を加味した。すなわち、住宅の玄関を向かい合わせにした住棟の間の通路に、木製のデッキを張る。これによって家の前がバリアフリーとなる。通常の仮設住宅では、木杭の上に床を張って住宅を建てるので、かならず家の床と前面の道路に四五センチ程度の段差ができてしまう。さらに通常、家の前の道は砂利敷きである。こうなると、車いす生活は不可能だし、緊急時にストレッチャーで救急車まで運べない。

さらに、このデッキの上に半透明の屋根を架けておけば、家の前の通路が半屋外の第二のリビングのような空間になるという提案である。その追加分の資金はどうするのかということになるのだが、例のＩＯＧの弾丸営業活動の際に、福祉建築物が専門の岩手県立大学の狩野徹さんにお会いし、県が発注する仮設住宅についてのお話を伺っていた。彼は、震災前から福祉建築物関係の仕事で県とよく仕事をされており、今回の提案の実現にも加わっていただいた。どうやら、当時つくっていた南面平行配置の仮設住宅の砂利道は、そのうちアスファルト舗装工事を追加で行う予定らしい。もしそうであれば、舗装工事の代金を先に使って、デッキと屋根に回せばいいのではないか、という話になったのである。

4–3　サポートセンターから利用者を車いすで仮設住宅へ連れていく

家の前だけにデッキを張るのではなく、このデッキを、仮設の店舗やスーパーや、デイサービスセンター機能付きの集会所であるサポートセンターにつなげれば、介護の必要な居住者がバリアフリーで、日常生活を送ったり、デイに通えるようになったりするのではないか。このイメージが、一年後に現地を訪れた際に、たまたま出会った光景（4-3）によって、現実のものになっていることが確認できた。

このように、仮設住宅の玄関を向かい合わせにし、その間の路地に屋根付きのデッキを張り、そのデッキを仮設店舗やサポートセンターまで伸ばしていくというゾーンを、我々は「ケアゾーン」と称した。

一般ゾーン

ここで、建築系の提案者が自制心を保たねばならないことは、原理主義・全体主義になってはならないということである。たいてい、建築や町づくりの提案の際に、一ついいアイデアをひらめいてしまったら、それをキャンバスの隅々まで全面展開したくなるものである。学生の設計提案を見てもそれは実感できるし、戦後多数建てられてきた郊外団地やニュータウンの類も、一つのロジックでしか形成されていない原理主義的なものになっている。しかし通常世の中は、老若男女という言葉の示すごとく、多様な人間が織りなすハイブリッド社会そのものなのだから、町の構成原理もハイブリッドでないといけない。

こんな考えから、コミュニティケア型仮設住宅では、全体をケアゾーンで埋め尽くすことを控えた。当たり前である。ケアゾーンは、ゆるい見守りが必要な、日常の大半を住宅まわりで過ごす人びとのための環境なのである。煩わしい近所づきあいよりは、むしろプライバシーの方が重要だと思っている自立性の高い人びと、そして、昼間は働いたり学校に行ったりして、家を留守にしがちな人びとにとって、誰かにゆるく見守られてしまうと、それは「監視」というものだと受け止められかねない。

こういうわけで、この被災地域における高齢化率が三割に近いという理由から、我々の提案では、ざっくりと約三割をケアゾーンにして、残りを、南面平行配置的な普通のレイアウト、すなわち「一般ゾーン」として提案した。一般ゾーンとは、現状肯定的で、何も提案していないということではないかとお叱りを受けそうである。しかし、国民を挙げて「一刻も早く、一戸でも多く、仮設住宅を！」という雰囲気の中で、あまりにも現実から遠い提案をしてしまうと、まったく受け入れられないと考えた我々は、あえて、「三割だけでもケアゾーンをつくりましょう」というところで勝負していた、という側面もある。それでも、平田第六仮設住宅においては、山本理顕さんの県への提案によって、南面平行配置にはならずに、向かい合わせのレイアウトが実現している。

子育てゾーン

当初、我々はコミュニティケア型仮設住宅を、ケアゾーンと、一般ゾーンの二種類に分けることを考えていたのだが、実際の設計を進めていく中で、「子育てゾーン」というのも必要かもしれないと思うに至った。世の中に、自分の家の隣に子育て施設があると、うるさい環境になっていやだと思う人びとが一定割合いるのは、残念ながら事実だ。

私は本書でこれまで、多様な人びとが混ざって暮らすのがいい町だと主張してきたが、一軒一軒違ったタイプの住宅を本当に混ぜると、いさかいが増えることもあろう。高齢者と若者では生活の時間帯が異なる。家に居る時間が異なる。自分と異なる振る舞いをしている人びとに親近感がわかなくなるのは、人間としての性なので、ある程度しようがあるまい。けれども計画者としては、あらかじめいさかいを防止する策をとりたい。そこで、子育て中の人びとが、お互い親近感をもって助け合いながら住めるようなゾーニングを考えたのである。

平田第六仮設住宅では、使用した敷地がたまたま運動公園で、4-2にあるように、右上に小さな芝生のグラウンドがあった。このグラウンドの北側に子育て中の家族が入居し、親は家の中で家事をしたりしながら、子どもをこの芝生で自由に遊ばせることができるといいなということで、ここに子育てゾーンを設定した。

一方、遠野市の「希望の郷「絆」」は、全体が四〇戸と小規模だったのだが、ここでも、ケアゾーン、一般ゾーン、子育てゾーンが設定された(4−4)。敷地のほぼ中央にサポートセンターを配置し、その東側に中廊下式のケアゾーンを、反対の西側に片廊下式の子育てゾーンを設定し、屋根のついた木製のデッキによって、ケアゾーンと子育てゾーンがゆるくつながっている(4−5)。このことにより、ケアゾーンに住んでいるお年寄りが、廊下伝いに散歩するときに、子育てゾーンの子どもたちと自然に触れあうという仕掛けである。こうした、何気ない、自然な形での「世代間交流」が、「世代間交流事業」を開催しなくても、日常生活の延長線上に起きるのが、しばしば目撃された。

ちなみに、遠野市の仮設住宅は、地元の第三セクターの木造建築を専門とする建設会社、リンデンバウム遠野によって建設された。地場産材を用いた集成材を得意とする会社である。通常の仮設住宅は、災害救助法の規定にもとづいて都道府県が発注することになっているのだが、これを市区町村に事務委任することも可能なのである。遠野市では、この形をとって仮設住宅を計画し、建設した。そのコストは、一戸当たりおおむね五〇〇万円となっており、四〇戸なので総工費二億円ほどとなる。この資金が、ほぼまるまる地元の企業に入るわけだ。地震によって疲弊する地元に、仮設住宅建設は、このような仕事をもたらし、雇用や消費を促すという側面もあるのだということを、この際ここに付記しておこう。

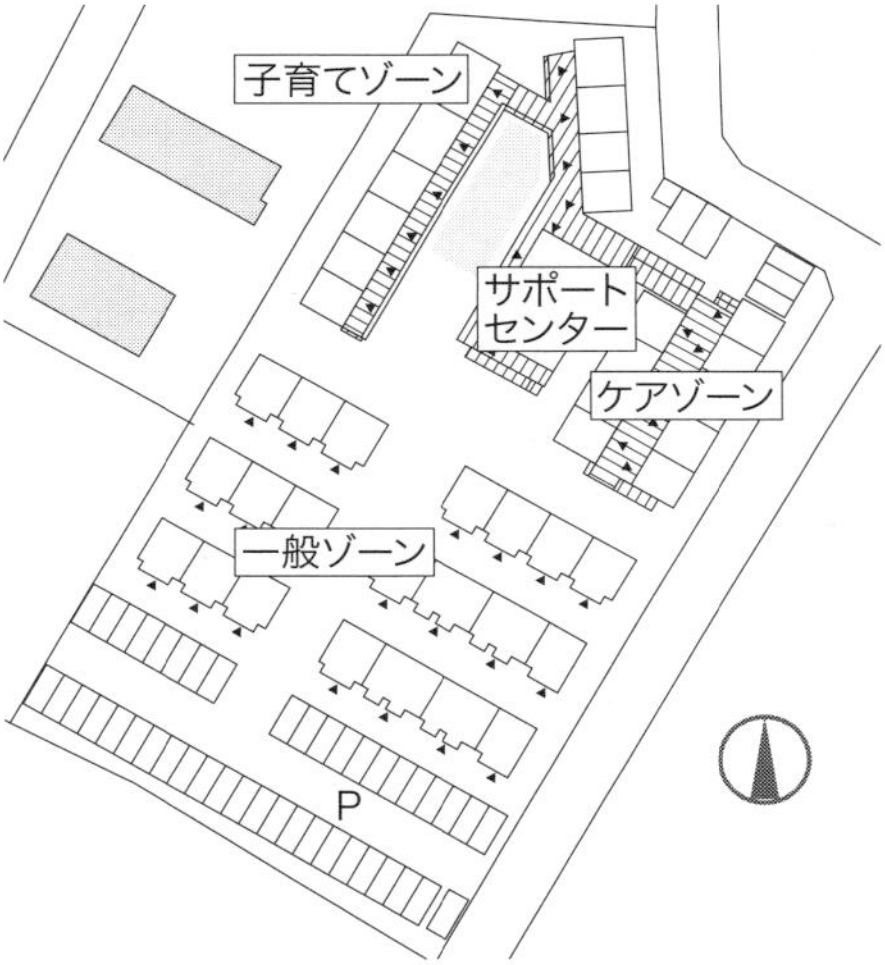

4-4　遠野市「希望の郷「絆」」

4-5 「希望の郷「絆」」のケアゾーンと子育てゾーン

ガラパゴス化した災害救助法

仮設住宅団地を設計するときでも、一般の集合住宅団地を設計するときでも、必ず考えなければならないのは、集会所である。東日本大震災の場合は、阪神・淡路大震災での経験から、おおむね五〇戸以上の住宅があれば集会所の設置が可能だった。五〇戸未満の場合でも、必要に応じて談話室という名前の小さめの集会所を設置できた。このように、仮設住宅に集会所の設置を認めたことは画期的なことであった。

しかし、戦後すぐの日本の集合住宅では一九五〇年代まで、集会所の設置を認めない習慣が続いていた。だがじつは、戦前はそうではなかった。同潤会アパートには、当たり前のように集会所が付いていた。戦時中に計画された住宅営団の団地にすら、集会所は設置されていた。それが戦後の住宅供給の中でつくられなくなった理由は、正確にはわからないが、敗戦直後に決められた、公共事業の仕組みに原因があったのではないかと思っている。

一九四六年、GHQは日本政府に対し「公共事業計画原則」を示した。これはアメリカの戦前のニューディール政策の流れをくむもので、失業対策事業をかねた公共事業に重点を置くものであった。これに対して政府はさっそく「公共事業処理要綱」を閣議決定し、それ以来、公共事業は当時の財政担当機関である経済安定本部に詳細仕様にもとづいた予算要求と報告を行い、監査をしてもらう事業となった。そして政府が行っていた戦災復興住宅事業も公共事業に位置づけられ、以降、公共住宅をつくる際には、一住戸当たりの値段も仕様も、微に入り細を穿つようなきめ細かく定められた基準をクリアしなければならなくなった。税金を使っているのだから当然だということもあるかもしれないが、こうした公共事業における過度に細かい仕様や監査対策が度重なり、震災復興が遅れ気味となりがちなことは、今も指摘され続けている。

公共住宅を公共事業として位置づけたのはいいのだが、重要なことが抜けたままとなっていた。戦後住宅事情が激しく逼迫した日本では、不要不急の建物はつくってはいけないとされた。そして、敗戦直後の団地づくりにおいて、住宅以外の建物は、集会所も店舗も診療所等も含めて、不要不急なものとされた。

こうした時代にできたのが、災害救助法だった。一九四七年のことである。仮設住宅もほかの公共住宅なみに取り扱われるようになった。このため、仮設住宅にはきめ細かく値段や広さの制限が記されているのみならず、集会所や店舗や診療所などの「不要不急」の施設を建設してもよいとは書かれていなかった。

その後、一九五五年に住宅公団ができて、次第に一〇〇〇戸クラスの大団地をつくるようになってはじめて、集会所や店舗や診療所を、住宅と同時に供給しなければならないことが、本気で問題視されるようになってきたのである。それまでの公営住宅や初期の公団住宅では、一戸当たりの建設コストから少しずつ費用を捻出し、集会所などをつくらねばならなかったのである。

一方、仮設住宅については、その後、防災対策や住宅の耐震強度の向上などもあって、そしてたまたま大規模自然災害が少なかったこともあって、基準を現在の社会に合わせてアップデートしようという機運が、阪神・淡路大震災まで出現しなかった。この大震災でようやく、仮設住宅に集会所をつくってよいという通知が発せられるようになったのである。

ところが、平田第六仮設住宅に仮設店舗を設置しようとしたとき、これが問題となった。災害救助法にもとづいて建設される建築物は建築基準法の適用除外となるので、本来、建築申請もコンクリートの基礎も必要ない。仮設住宅や集会所は建築物とはみなされないため、平時の手続きなしで、迅速に建設できるのである。ところが店舗は、災害救助法の埒外なので、建築申請を行わなければならず、コンクリートの基礎も必要なのである。さらにこのケースでは、釜石市の運動公園が敷地となっていたので、条例改正を経て公園内に建築物が建つことを認めるようにしなければならなかった。このため、店舗部分の建設が半年ほど遅れたのだった。

震災後間もなく、福島の原発事故の被災者のための仮設住宅を取材に行ったときのことである。まだ入居者がちらほらしかいなかった仮設住宅の集会所の中で、ともに被災された開業医の先生が、赤ひげ先生よろしく、パイプ椅子に座って、机の上に最低限の器材と薬品を広げて、長引く避難生活で体調を壊した高齢者たちの診療をされていた。ところがこの先生は、行政から「ここは集会所であって、診療するところでないので出ていってもらいたい」という通告を受けていた。そこで仕方なく、仮設団地の隣の土地を借りてそこで仮設の診療所を自費で開くということだった。

敗戦後ほぼ同じころに、ともに公共事業とされた公共住宅と仮設住宅であったが、公共住宅の方は、集会所や店舗や診療所が付くのは当たり前となってきたのに、仮設住宅ではそれがまだ当たり前となっていない。災害救助法の中身は、いまだに敗戦後のままガラパゴス化した状態である。

人びとは団地のどこにいるのか

平田第六仮設住宅においては、既述のように、ケアゾーンに、集会所をデイサービスセンター機能付きのサポートセンターとして配置したほか、一般ゾーンにも談話室を設置した。集会所ができると当然、多様でたくさんの人びとがそこを使ってくれるものと期待しがちだが、残念ながら、たいていそうはならないものである。

東京近郊のある古い大団地にインタビューに行ったとき、その団地における高齢者の居場所を聞いてみた。その中に集会所は一つしか設置されていなかったのだが、話を聞くと、この団地の集会所は自治会の役員たちのたまり場となっており、ほかの居住者はあまり利用しないという。このほか、団地のすぐ近くに、行政が設置した老人憩いの家があるが、ここも常連さんたちに占拠されている。また、隣の廃校となった小学校を利用したデイサービスセンターに、地域交流施設としての集会所があったのだが、そこも常連さんたちばかりだという。それでは、ほかの人びとはどこに居るのか。

いろいろな高齢者がひとところに集まるところがもう一か所、見つかった。それは、団地のセンターであった。センターといっても建物の中ではない。センターは、スーパーと商店と空き商店で埋まっているので、誰でも利用できるような集会機能はない。ところが、たくさんの高齢者たちが、店舗の前に設置されたベンチに座って、思い思いにしゃべっている。センターに行くための通路にも、たぶん自分の家からもってきたものだろう、思い思いの椅子が並べられ、そこに座ってたくさんの高齢者が話していた。

どんなことを話しているのだろうと、近くに座って耳を傾けていると、あるおばあさんが別のおばあさんに「ねぇ、デイってなあに？」などと聞いている。たとえ高齢者であっても、元気なうちは介護の専門用語は関係ない。「デイ」が何であるかなんて知らなくて当然だ。だが、こうした日常のちょっとしたことは、誰に聞いてよいかわからないものだ。ネットがサクサク使える年齢でもなく、大上段に構えて面と向かって質問するような類のことではないので、会話のついでに、「あ、そういえば……」という具合に聞ける間柄と、聞ける雰囲気がなければ、この「ねぇ、デイってなあに？」という会話は生じないはずだ。しゃちこばった集会所の集会で聞けるような質問ではなかろう。かといって、集会所がいけないというのではない。フォーマルな活動が必要な場合も多々あるだろう。集会は集会所でなくてはできない類のものである。集会所でのカラオケなどは今では立派なリハビリの一種だが、これを路上でやるわけにはいかない。

こんな経験があったので、平田第六仮設住宅で「人びとは団地のどこにいるのか」という調査を行ってみた。休日と平日の一日、大学院生が画板を片手に団地内の決まったコースを一筆書き的に何度も回って、家の外にいる人びとが、どこで何をしているのかをチェックするのである。この調査を行った時点では、まだ仮設店舗やサポートセンターは工事中だったので、純粋に、そうした集会施設のない団地で何が起きているのかを調べるには、格好の状況

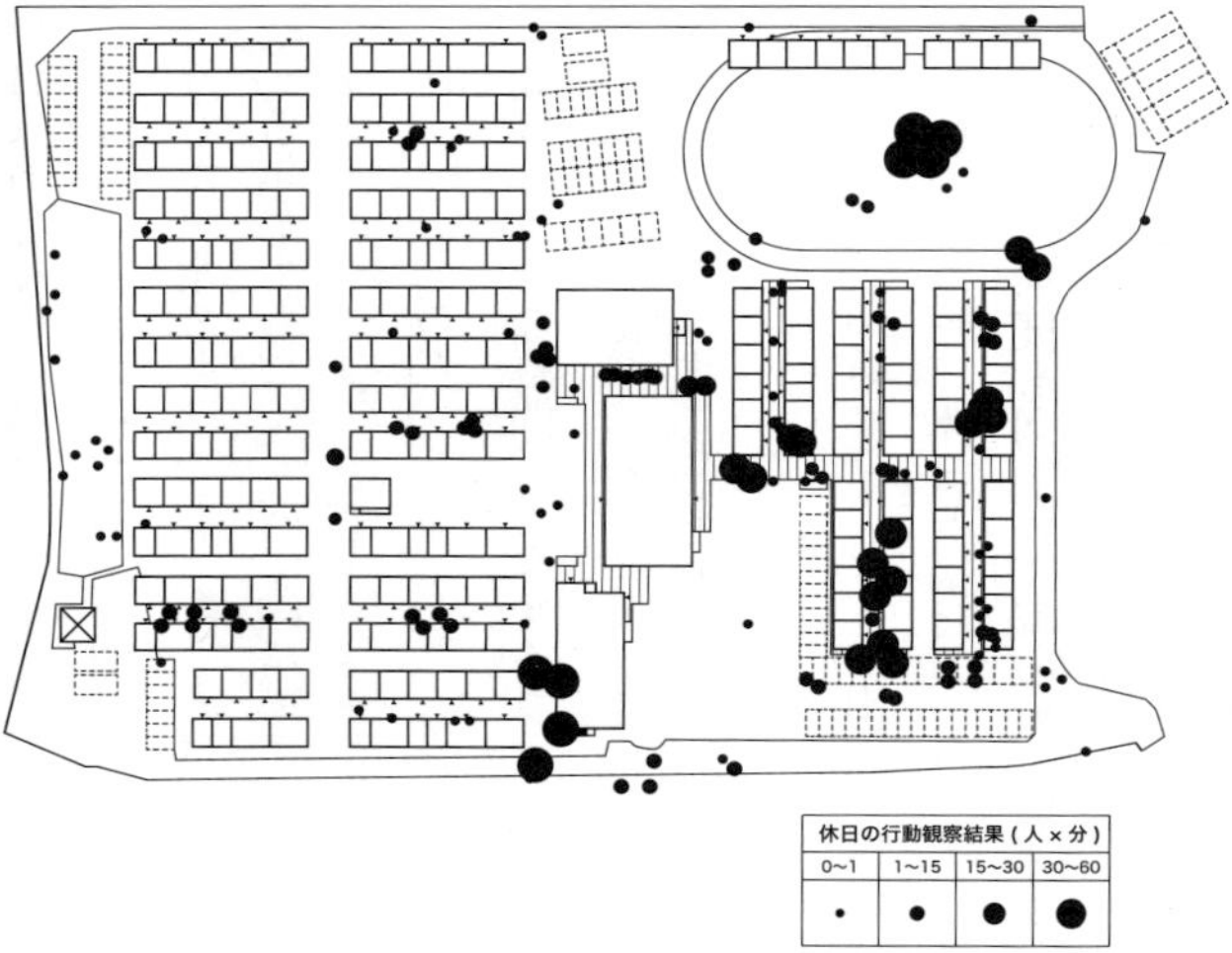

4-6　平田第六仮設住宅での屋外行動観察結果（休日）

であった。

こうして作成された4-6を見ると、ケアゾーンの廊下部分にたくさんの人びとが出ていることがわかる。一般ゾーンの方ではちらほらと人がいるくらいだ。また、子育てゾーンのグラウンドにたくさん人が出ているのがわかる。これは休日の記録なので、学校や保育園が休みの子どもたちが遊んでいるのだ。ほぼ、ねらい通りに人びとが外に出ていたことになんだか少しほっとしたものだ。

2　遠くの親戚よりも近くの他人

お茶っこ

4-7　平田第六仮設住宅での「お茶っこ」の取材

　前節で述べた平田第六仮設住宅では、ケアゾーンの中廊下にたくさんの人びとが出ていることが明らかとなったのだが、人びとがそこで具体的に何をやっているかというと、4-7のような「お茶っこ」をやっていたりしていた。「お茶っこ」というのは、東北あたりで近所の人びとが集まって、一緒にお茶を飲んだりしゃべったりすることを指す。このほかにも、屋根がかかっているので、ここで洗濯物を干したり、植木鉢に水を遣ったりする光景も頻繁に見られた。

　こうした光景を、あるテレビ番組で取材したいという申し出があった。少し肌寒い日であったためか、現地に行ってみると誰もお茶っこをしていない。仕方がないので、「再現」という手法を用いて取材することになった。これも立派な取材方法であり、「やらせ」とは異なるそうだ。念のため。

そこで、仮設住宅の自治会長にお願いして、いつもお茶っこをやっている方々に声掛けしていただき、「すみません、いつものようにお茶っこしている風景を取材させてください」とお願いした。最初は、数人の方々が「しようがないわね」といった感じで、どこからともなく机や長椅子をもってきてセットしてくれた。当然、お茶もお菓子も出てくるのだが、そればかりでなく、お花や犬までも出てきた。そして、その準備をしながら、いつの間にかいつものような会話がはじまっていた。お茶が入ったころには取材そっちのけで会話がはずみ、とてもいい画を撮らせてもらうことができた。

あくまでも再現取材ではあるものの、これこそが本当のコミュニティというものかもしれないと思った。通常、テレビなどに出てくるのは、このような隣近所が和気あいあいとおしゃべりしたりする光景なのだが、じつは当然のことながら、居住者たちはこれを年がら年中やっているわけではないのだ。いつもは、みんな自分の身の回りのことで精一杯。だが、何かのきっかけで近所の人と話しはじめ、途中で話し込みの状態に入り、ついには、あたかもその話をするのが目的であったかのような、そんな近所づきあいが、住みこなされた町でよく目撃されるが、この仮設住宅でもそれが行われていたのだ。

　また、そこで行われる会話自体も、近隣の人びとの消息や、町の話題、復興の計画がどうなりそうかなど、そして場合によっては「地域包括ってなあに？」などという、さりげないけれども本質的な質疑が含まれていたりするものである。一方で、会話の中身などどうでもよく、ただ思いついたことをしゃべって、それに相槌を打ってくれる人がいるだけで、心が晴れることも大いにあるだろう。

　そればかりではない。今回のようにテレビの取材が来たという、この町にとっての一つのイベント（あるいは課題）に対して、町内の有志が声をかけあって、できる人ができる範囲のことを少しずつやりながら、結果的に一丸となって与えられた課題（テレビ取材）を解くという、地域の課題解決の一連の様式がそこにはすでに定着していることも読み取れるのである。

　コミュニティというものは、テレビに映って様《さま》になるようなコミュニケーションを、年がら年中べたべたと行ってばかりいるところではない。そうではなく、「ちょっと話聞いてくれる？」といった日常の些細なことから、「地震で大変なので団結して体の弱い人を救助しよう！」といった非常時の場面まで、いったん地域的な課題が生じた際に、できる人ができる範囲のことをやって、その総和として課題解決を図ることができるポテンシャル（潜在力）をもった人間関係を有する集団や地域のことを指すのではないだろうか。

家族資源・地域資源・制度資源

超高齢社会をめぐる課題の一つに、「老後の安心」というのがある。年老いて体の自由が次第にきかなくなり、住んでいる住宅ではとうとう生活が困難になった場合、どこに行けばいいのか。こういうときに、難なく次の居場所が確保できる筋道があらかじめ立っていることが、「老後の安心」を形成する重要なカギであろう。

いざとなったときに行政が支援する制度として、比較的元気なときから看取り・お迎えのときまで、要介護認定の度合いに応じて介護サービスを受けられることになっている。そして、その時々の住まいとして、高齢住宅の一種であるシルバーハウジング、サービス付き高齢者向け住宅、有料老人ホーム、認知症グループホーム、介護老人保健施設(老健)、特別養護老人ホームのようなラインアップが用意されている。制度が規定する高齢期の人びとにとってのこうした資源を、ここでは「制度資源」と呼んでみよう(4-8)。

もちろん、制度資源の財源の一部は税金なので、我々はどこかでそのお金を負担しているわけではあるが、国家という一種の互助システムがその配分をコントロールしながら、こうした

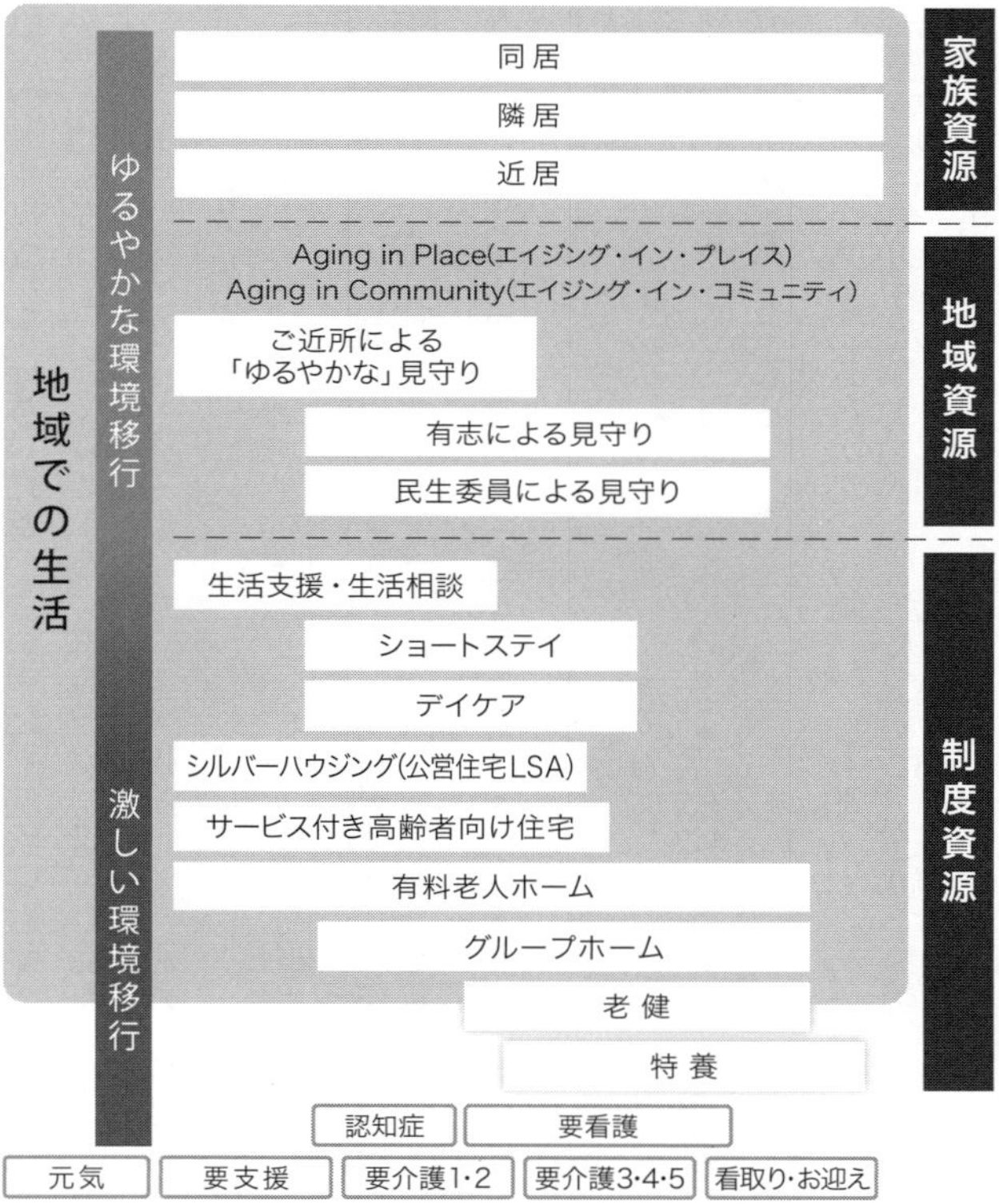

4–8　家族資源・地域資源・制度資源

制度資源を形成している。ただ、この中にも個人のもっているお金の多寡で選択の幅が違ってきたり、あるいは、特養のように「順番」や「運」のようなものに頼ってしか入居できないものがあったり、そもそも住み慣れた自宅の近所にこうした制度資源が立地していなかったりするケースも多いだろう。

このように、制度資源が量の問題としても立地の問題としてもアンバランスな状態であるため、制度資源を全面的にあてにしながら「老後の安心」を得ることは、現時点では難しい。そこで、ある人びとは「家族資源」を頼ることになる。家族資源というのは、同居、隣居、近居など、これまで本書で説明してきたような、家族をある程度あてにしながら老後の安心を得る作戦を可能とするような家族の存在である。前章までは、世帯に着目するよりも、むしろ家族というものに着目して、ある一定の地域の中で、子どもや高齢者の面倒の一部を、家族を構成する双方がボランタリーに行っていけるような住宅のありようを考えてきた。だが、そこには重要な留保が必要である。

それは、家族資源を使えるような人びとは限られているということである。実の親子でも仲が悪い場合があるだろう。そうした人びとに、近居でお互いに楽しく面倒を見合いましょうというのは不可能である。

また、嫁姑問題も大きく横たわっている。一方がよくても他方がダメな場合は、家族資源は使えない。さらに、『恍惚の人』で見たような昔からあるシャドウ・ワーク的な家族介護という深刻な問題や、近年では親が孫の面倒を見すぎて体を壊すといった問題も無視してはならない。双方が、ボランタリーに助け合うことを望んでいることが、絶対的な条件となろう。

家族資源は、こうした条件を満たしたほかに、経済的条件や、地理的条件などをクリアできてはじめて、役立つのである。「家族どうしは仲良く助け合うべきだ」という主張を、無条件に上記の条件を満たせない人びとに強いることは、半ば拷問であり、心の病気などほかの問題を生じさせる可能性すらある。やはり、ここでも原理主義はいけない。お互い条件が整っているのが確認できれば、家族で助け合うという選択肢があっても、当然よいのだ。

ただ、本当に家族がいないという人もいるし、条件が整わず家族資源が使えない人もたくさんいるだろう。当然、そうした人びとのことも考慮せねばならない。そこで重要になってくるのが「地域資源」だろう。この言葉は、産業分野での地域おこしの際によく使われる言葉でもあるが、ここでは、社会資源に近い意味合いも含めて用いている。ここでようやく、「遠くの親戚よりは近くの他人」という言葉が生きてくるのである。

ここで示す「家族資源」「地域資源」「制度資源」は、それぞれ別個に存在するものではなく、地域の中で一緒くたに存在する。だから、「家族資源」であろうが、「地域資源」であろうが、「制度資源」であろうが、使えるものはすべて使うという作戦が必要だろう。町で暮らし続けるためには、使える資源が多様に存在することも、重要な要素となる。

超高齢社会の中では、ご近所によるゆるやかな見守り活動が積極的に行われているところが多い。町内会自治会の委員会や、民生委員による見守りなどだ。場合によっては、町の有志で自衛組織みたいに、「我々の仲間から孤独死を出さない」として見回りを行っている例もある。都会の中の限界集落と呼ばれることの多い、超高齢化した公共住宅団地や古くに開発された郊外のニュータウンでこうした活動が盛んだ。

こうした孤独死防止活動も極めて重要な活動であり、実施されている方々には本当に頭の下がる思いである。だが、こうした瀬戸際作戦を実施しなければならなくなる前の段階での予防作戦も、また重要であるだろう。先述の「お茶っこ」のような、地道で、しかも楽しい日常の隣近所の活動が、こうした予防作戦に該当するだろう。そこに、認知症予防活動や、フレイル(老年性の虚弱)予防活動を、さりげなく盛り込んでいくことも重要であろう。こうして、孤独死防止のための見守り活動と、いわゆるコミュニティ形成活動とは、瀬戸際作戦と予防作戦という意味で、地域の中で超高齢社会の最後の安心感を形成する重要な地続きの活動となるのである。

一方で、こうした近隣の助け合い的な雰囲気が継続していくための基盤として、なるべく長い間、住み慣れた自宅に住めるようにしなければならない。バリアフリーの住宅や、外から介護や看護のサービスが訪問しやすい居住環境を整えておく必要がある。

町の中でどんな人が暮らしているのかということを大まかにでも知らなかったら、瀬戸際作戦も、その予防作戦も、なかなか展開できない。ましてや、個人情報保護法が施行されて以来、町内会の名簿、災害時の要援護者の名簿の作成もままならない現在、町の事情を把握するのはなかなか難しい。個人情報保護法は、個人情報を悪用した人にこそ厳罰を科すべきであって、個人情報を善意に用いようとする人びとの活動意欲をそがないように、設計し直されるべきだと考える。善意の人びとへの過剰なまでの情報入口戦略ではなく、その悪用に走る人びとへの厳重な情報出口管理こそが、個人情報保護のしかるべきスタンスだと思う。

コミュニティ必要曲線

さて、ここで重要な課題に直面する。「コミュニティ」である。この言葉は、震災などがあったりすると、万能の特効薬のように必要なものだと報じられる。まるで「コミュニティ帝国主義」の様相を呈しているときすらある。

私は講演会などで、よくコミュニティに関する話をするのだが、震災が起きたあとなどは、多くの人びとが「うんうん」とうなずいて聞いてくれることが多いのだが、時間とともに震災のことが忘れられていくと、「私は、実際近所づきあいはしていないし、コミュニティなんて必要ないと思う」と主張する方に出くわすことが多くなる。

戦争を経験された方の中には、戦時中の町内会のもとで隣組が組織され、国家総動員体制で戦争に駆り出された反省を込めて、地域での住民活動に懐疑的な方も、かつては大勢おられた。また、その後の、ある特定の世代の中には、「コミュニティ」という言葉を聞いただけで虫唾が走るという方も多くいる。これとは別の次元で、建築の学術的な場面では、コミュニティという言葉がご法度なことも多い。定義があいまいだし、計測不可能で数値化できない現象だからだ。日本の建築学のように、世界では珍しく理系に分類されている学術分野では、不用意に用いられるコミュニティはNGワードだ。逆に、社会学ではコミュニティの定義が何百もあるそうであるが、それは、コミュニティを別の言葉に言い換えるのが、その筋の専門家にとっても至難の業であることの証左である。

コミュニティを、誰にでも理解できるようにするのは、かくも難しいのだが、「私にはコミ

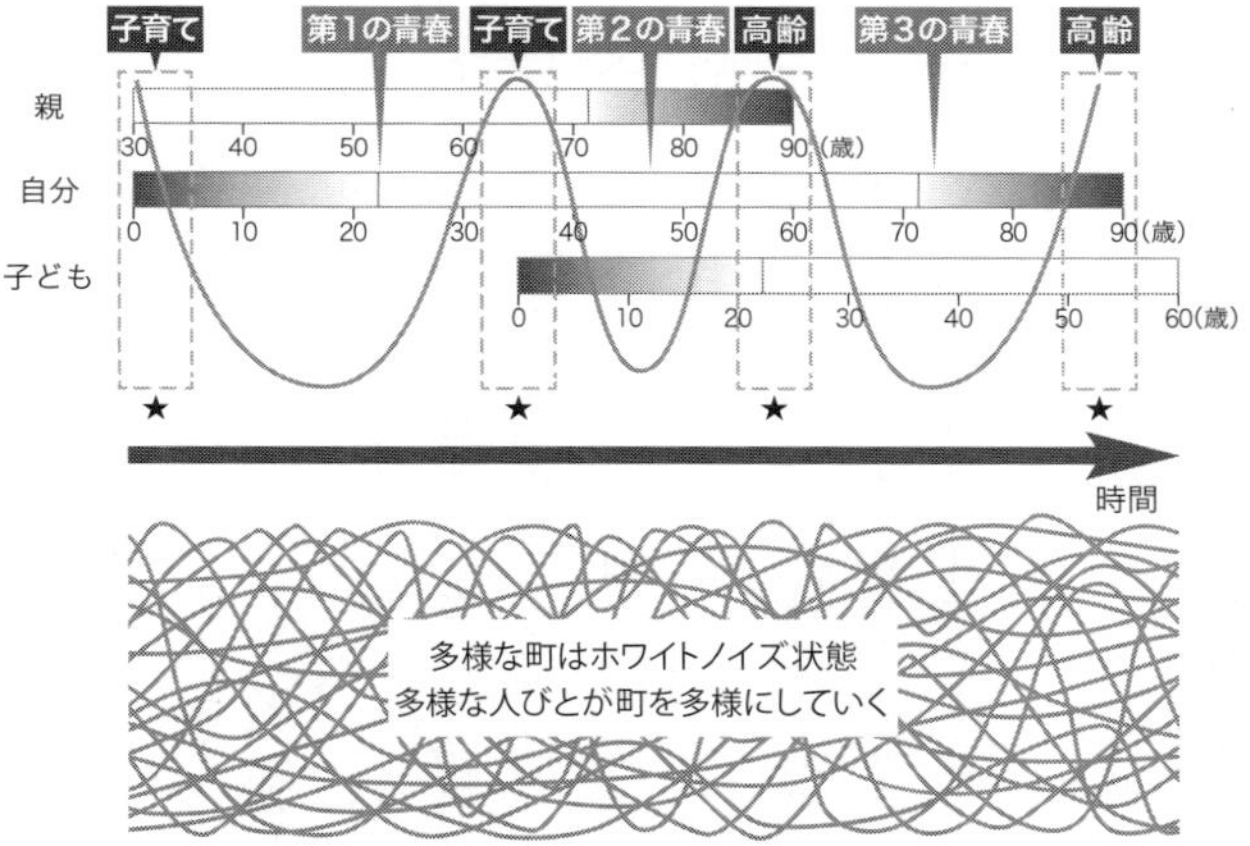

★自分が真っ白で元気なときであっても、家族の中に真っ黒な（他人の手伝いがないと生きていけない）人（老人や子ども）がいると、自分は自立できるが、家族として自立できない。

4-9　コミュニティ必要曲線（上）と町全体のコミュニティ必要曲線を重ね合わせたホワイトノイズ状態（下）

ユニティは関係ない」と断言する人びとに、どうすれば耳を傾けてもらえるかという努力を怠るわけにはいかない。こうして思いついたのが、4-9である。

この図は、大きく上下に分かれているが、ともに左から右へと人生の時間の流れを表現している。

まずは上のコミュニティ必要曲線からであるが、ここには親と自分と子どもの人生が、帯グラフで示されている。自分の帯が真ん中だ。生まれてから九〇歳くらいで死ぬという想定である。帯がグレーに塗られている部分があるが、色が黒くなるほど、他人に厄介になる確率が高い年頃ということだ。

自分の帯に着目すると、生まれたては当然真っ黒だ。一人で生きてはいけないからだ。食べるのも着るのも下の世話も、一人ではままならない。そして、少しずつ動き回ることができるようになると、今度は周りが心配しなければならなくなる。一方自分の親は、子どもの顔を近所に覚えてもらうために、せっせと子連れで近所に出かけて挨拶に励み、子どもが近所で遊んでいるときには目をかけてもらいたいと願うようになる。

私が学生時代に保育園のモデル設計をしていたとき、ある保育園で保育士体験をさせてもらった。そこの園長は親御さんたちに、「なるべく商店街で、子どもを連れて買い物をしなさいよ」と言っていた。商店街の個人店主たちは、商売の一環として、子どもの顔や名前や学年まで覚えてくれる。町で子どもに何かあったときのために、そういう関係性をたくさん町中で築いていた方が、いざというときの保険になっていい、という教えだった。

このように帯がグレーの自分の子ども時代に、自分の親は、自分が知らない間に、ご近所がいざというときに自分を守ってくれるようにと願って、せっせとご近所と馴染みになるように励んでいたのである。公園デビューは親にしてみれば、子のための試練であった。図中には、帯の上に波状の曲線(コミュニティ必要曲線)を描いているが、この線が高いところにあると、その時期は、その家族にとって比較的コミュニティが必要と思える時期だという意味である。

自分が小学生になったりすると、親が自主的・自発的にご近所さんと付き合わねばならない度合いは減ってくる。また、自分が中学生、高校生となっていくと、次第に、自分が近隣に頼ったり頼られたりする度合いが薄まってくる。自立度が高まってくるのだ。それとともに、自分は近所の人びとと顔を合わせるのが気恥ずかしくなり、そのうち挨拶すらしなくなってしまう。そして自分が大学卒業のころになると、肉体的にも経済的にも、めでたく真っ白という時代がやってくる。誰の厄介にもならずに過ごすことが可能な時期である。

第一の青春

そこから自分の真っ白な時代が続くのだが、比較的多くの場合、三〇歳過ぎあたりで結婚という出来事に遭遇する。ただ、似たような年頃の人と結婚する場合が多いため、たいていの新婚さんは、二人そろって真っ白である。すなわち、これほど自立度の高い世帯はない。自立度が高いぶん、隣近所に挨拶する必要もない。いつ引越すかわからない賃貸アパート住まいであればなおさらのことだ。

ところが、この新婚夫婦に子どもが生まれた瞬間に、家族としての自立度は急激に下がってしまう。自分も伴侶も若くて健康で自立度も高いのだが、生まれた子どもの帯は黒帯である。

家族としては、この黒帯をいろいろなものから守らねばならなくなる。これは、かつて自分を育ててくれた親が経験したことと一緒である。こうした理由で、それまでご近所と出会っても知らんぷりを決め込んでいた若夫婦が、子どもが生まれた瞬間に、乳母車を押しながら、近隣に愛想よく振る舞うようになったりするのである。そして、町でご近所さんと思しき人に「おいくつですか?」と声をかけられたりすると、「○○君です。××歳です。よろしくお願いします」と、すかさず返すことができるようになったりする。

こうして、自分の家族を考えた場合のコミュニティ必要曲線は、子どもが生まれた瞬間に、低い位置からピークに達するのである。そして、自分のこれまでの白かった時代を思い出し、「思えばあれが自分の青春時代だったのかな」なんて、しみじみ思うのであろう。これを第一の青春と呼んでおこう。

だが、青春が終わったからといって悲観している場合ではない。大変ではあるが、ある意味では人生で一番楽しい子育ての時期がはじまるのである。このときにわかに、親と近居できればというニーズも高まる。そして当然、コミュニティ必要曲線は高いところを維持している。

子どもが小さいころは、どこの歯医者や小児科に連れていけばいいかわからない。ネットには、この医者はどの大学を出ているだの、どこで修業しただのといった情報は載っているが、肝心の、自分に合っている先生かどうかは、残念ながら載っていない。そこで頼りになるのが、近所の「先輩方」である。「あの先生は子どもをあやすのがうまい」、「あそこは強めの薬を処方するので一発で治る」などなど、ご近所ならではの貴重な情報をタダで教えてくれる。いや、タダではないのだ。このために、これまでひたすら親たちは近所づきあいを円満にして、挨拶や笑顔という、いわば保険料を支払ってきたのだ。もっとも、近所づきあいというものは通常、こんなふうには意識しないで、ごく自然な形で行われるものではあるが。

第二の青春

やがて子どもの成長とともに、つまり、子どもの帯が黒からグレーに、そして白帯に近づいていくにつれて、近所づきあいもそれほど切羽詰まったものではなくなってくる。そして自然と、家族にとってのコミュニティ必要曲線も降下してくる。子どもが高校生くらいになって親離れしてくると、妻が再び働きはじめたり、なぜかしら周囲で同窓会なるものが流行るようになったりする。同級生たちも、だいたいみな同じ経過をたどるからだ。おおむね五〇歳くらいのころである。このようにして、子離れしてしばらくは、第二の青春のような時期がやってくるのである。

ところが、この第二の青春は長続きしない場合も多い。理由は親がらみだ。親が病気になったり、倒れたり、認知症になったりすると、いろいろと心配しなければならない。そうすると今度もご近所に、認知症が疑わしい親の顔を覚えてもらって、何かあったら電話してもらわなくては、となったりする。場合によっては、親を自分の近所の賃貸住宅やサ高住や有料老人ホームに呼び寄せたり、逆に親元に帰ったりしなければならないこともある。このとき再び、家族としてのコミュニティ必要曲線が高くなるのである。

第三の青春

この時代を抜けたら、第三の青春がやってくる。当然、コミュニティ必要曲線もぐっと下がる。しかし、この第三の青春には、さまざまな条件が必要だ。まずは自分や伴侶が元気でいなければならない。子どもも元気でいなければならないし、孫がいる場合でも、過度に孫育てを期待されているようでは、青春にはならない。

こうした条件をクリアした暁にやってくる第三の青春では、基本的には誰気兼ねなく生活ができる。誰も煩わせないし、誰にも煩わされない。コミュニティなんて気が向いた人だけがやっていればいいんだと思えるくらい自立した、充実した時間である。大月君の講演会にでも行って冷やかしてこよう、などと思ったりするのだろうか。「私は、実際近所づきあいはしていないし、コミュニティなんて必要ないと思う」というようなことをわざわざ言いに来る人は、たいていこんな感じの男性だ。

一方、第三の青春を迎えている女性方は、たいてい「お茶っこ」の部類で、隣近所和気あいあいと楽しそうに暮らしていることが多い。つまり、この第三の青春時代の過ごし方に、かなりジェンダー(性差)が現れるようである。ひょっとすると、日本人の男女の寿命の違いはこのあたりの、楽しく過ごす時間の差からきているのかもしれないと思うほど、かなり違っている。

いずれにせよ、この第三の青春の時期に差し掛かった人のわりと多くが思っていることは、「ピンピンコロリがいい」ということであろう。だが、さすがに自然には勝てない。だんだん動けなくなっていく。食べるのも着るのも下の世話も一人ではままならなくなると、かつて子どもであったころのように、白帯だった自分の人生が、次第に黒味を帯びてくる。そして、周りに厄介になりながら生きていかざるを得なくなる。場合によっては、ご近所に見守られるということも必要になってこよう。こうして再び、人生の終わりにコミュニティ必要曲線が高くなっていくのである。

町にはいつでもコミュニティが必要である

これまでざっくりと、標準的と思える人間の一生をきわめて抽象的な形でたどりながら、コミュニティ必要曲線を説明してきたが、むろん、誰しもがこんなコースをたどるわけではない。これとかなり異なった経緯をたどる人も多いことだろう。そして、それぞれに多様なコミュニティ必要曲線を描くに違いない。ただ、どんな人でもたいてい、コミュニティが必要だと思える時期と、そうでない時期が交互にやってくるのではないだろうか。当然、生まれてから死ぬまでコミュニティなんてずっと不必要という人もいてもいいし、逆の人もいてもいい。

この一人一人のコミュニティ必要曲線を、ある町の中で、そこで暮らしている人の分だけつくってみて、時間軸だけ合わわせて重ねてみるとどうなるだろうか。おそらく、4−9の下に示すような感じになるだろう。ホワイトノイズ状態といったらいいか、スパゲッティ状態といえばいいか、とにかく、このようにぐしゃぐしゃな図になるのではないか。町には老若男女が住んでいるので、当たり前のことではある。

では、このぐしゃぐしゃをある時間断面でスパッと切ってみたら、どんな断面が見えるのか。当然、コミュニティ必要度が極めて高い人と、極めて低い人と、そこそこ高い人と低い人が、同時に存在しているのではないだろうか。

よく、「プライバシーとコミュニティはどっちが大事ですか？」に近い、二者択一的な質問がなされることがある。当然、「青春時代」にはプライバシーの方がコミュニティより大事に思え、青春時代でないときには逆のケースとなることが多いだろう。これを、町単位で見ていくと、コミュニティが比較的重要だと思っている人と、プライバシーが比較的重要だと思っている人は、同時に同じように存在するということになる。つまり、町はどんな時代においても、プライバシーもコミュニティも、どちらも大事だという設計がなされていないと困る人が多くなる、ということなのだ。

3　「町の居場所」はどこに？

コインランドリー

地域資源を形成する重要な要素としてのコミュニティを論じてきたが、住宅と町の間にある空間にも、じつは多様性が必要だと思う。それは、人びとが出会ったり、集まったりする場所の多様性である。町をゼロからつくろうとするとき、「医職住」に代表されるような多様な機能を備えなければならないので、住宅や店や事業所やさまざまな福祉関連の施設が建設されることになるが、道路や公園も含めて、これらの施設で人びとが出会い、集うことも、設計のデザインテーマとなることが多い。

それで人びとが出会い集う場として集会所が建設されたりするのであるが、すでに見てきたように、数少ない集会所が、ひとにぎりの人びとにしか利用されないこともよくあることだ。だから、町には複数の、しかも多様な「人びとが出会い集う場」がなければいけない。この節では、家の中の縁側のような、個人のためにしつらえられた「家の中の居場所」ばかりでなく、町の中で複数の人びとが出会い集う場としての「町の居場所」を考えてみたいと思う。

すでに見てきた平田第六仮設住宅の「お茶っこ」がくり広げられていたケアゾーンの屋根付きデッキの廊下も、子育てゾーンの芝生も、立派な町の居場所であるといえよう。さらに、この仮設住宅では一般ゾーンに談話室を設置していたのだが、ここには子育てママさんを応援するNPOが入って、子育てママさんたちの拠点となっていった。当然サポートセンターは、デイサービスセンターに通うお年寄りたちの町の居場所になっていた。さらに、この仮設住宅ではのちに、山本理顕さん設計の「みんなの家」という集会所も建設されたが、ここでは自治会の方を中心とした集いの場が形成されていた。このように、あっという間に、仮設住宅の中に多様な町の居場所が形成されていったのだが、こんなふうに、みんながワイワイガヤガヤ集まる居場所だけを見ていたのではいけないということに気づかされた。

それは、4-6を作図してくれた、仮設住宅団地の家の外のどこに人びとはいるのかという観察をしていた大学院生が目撃した情報であった。新たに設置された仮設のコインランドリーの一角にある長椅子に、一人暮らしの男性が二人座って、ぼそぼそとしゃべっていたというのである。

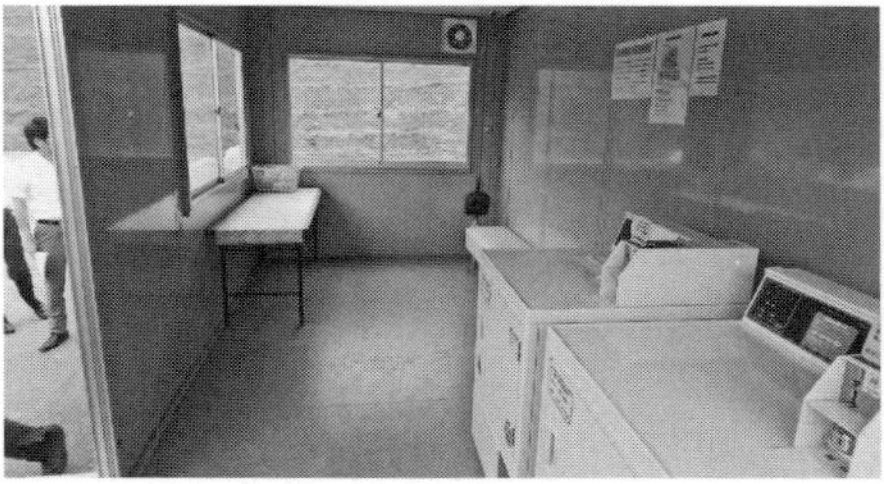
4-10　仮設住宅に設置されたコインランドリー

ここは寒い地域だから、冬は部屋の中で洗濯物を干すことが多い。しかしなかなか乾かないから、団地の自治会で仮設のコインランドリーを設置してもらったのだ(4-10)。じつはこの団地に住んでいる人びとの中で、こんな施設が欲しかったのは、一人暮らしの高齢の男性たちだった。新聞とか週刊誌を小脇に抱えてやってきて、しばらく待っていれば乾くわけだから、人気が高い。ただ、待っているスペースが十分になかったりするので、長椅子に一緒に腰かけざるを得ない。たとえ人づきあいや挨拶が苦手だとしても、こういう状況では、「こんにちは」の一言も交わさないわけにはいかない。そして、ぼそぼそと会話がはじまるのである。

おそらく、こうしたわけで、イベントに誘っても、なかなか出てこないような一人暮らしの高齢男性が、このコインランドリーに座ってぼそぼそと話しているのが目撃されたのだ。こうした日常生活の必要上、仕方なくやっている行為が契機となって、あるいはそれを言い訳にして、普段はしゃべらないような人どうしが、話さざるを得ない状況設定となる。半ば強制的ではあるかもしれないが、これも一種の町の居場所のデザインのあり方として認識していいのではないか。しかもこれは、かなり重要な町の居場所だ。

眺め、眺められる町の居場所

看板に「集会所」と書いてあるような施設ももちろん大事だが、このような「町の居場所」が町のあちこちにあるのがどうやら大事そうであることがわかってきた。4-11は、東海地方のある古い町で撮影したものだが、道路沿いの家の前の段差に高齢者が腰かけて日向ぼっこをしている。この段差は、この辺りに住む高齢の男子《ボーイズ》たちの町の居場所なのだ。顔ぶれは少しずつ変わるそうだが、たいてい毎日この場所で、数人で話しているらしい。もちろん、女子《ガールズ》たちのようなかん高い声ではなく、ぼそぼそ声だ。たまには道行く人を冷やかしたりもするが、子どもの通学路にこうして、誰かしらいてくれることで、子どもの親は安心だ。また、いつもいるこれら高齢男子がいないと、近所の人が心配してくれたりもするらしい。

もしもこの男子たちが昼間、デイサービスセンターに行ってしまったらどうなるだろう。町の人びとも、少し寂しくなってしまうのではないか。見ようによっては、この「町の居場所」

4-11　家の前の段差が高齢者の居場所

自体が、オープンなデイサービスセンターであるかもしれない。こんなところで町の人を眺めたり、逆に町の人に見守られたりしていると思うと、どっちがサービスしているのかわからない感じではある。

以前、私と同じ建築計画研究室で高齢者の居場所について研究していた留学生がいた。その研究発表が面白かった。高齢者に「自分が居場所だと思える場所はどこですか」と尋ねたところ、多摩ニュータウンの団地でも、埼玉の団地でも、午後三時くらいの家のベランダだと答えた人が共通して多かったという。午後三時は近くの小学校から、低学年の子どもたちが群れをなして帰る時間帯である。当然ガヤガヤ帰るので、その時間が来たんだなということは、部屋の中にいてもわかる。そして、高齢者たちにとって、ベランダに出て、遊びながら下校している小学生たちを眺めているのが、一日で一番の楽しみであり、このベランダが居場所だと思うということだった。

これと同じようなことを、廃校となった小学校をサ高住に転用した、東海地方の施設でも目撃した。ここはもともと村の真ん中の由緒ある小学校。建物自体は鉄筋で新しくはなったものの、校舎の配置や大木の位置は昔と変わらない。このサ高住に住む人の多くは、この小学校の卒業生でもある。自分の母校で暮らしているわけだ。まさに、生まれ育った馴染みの地域で年老いていく「エイジング・イン・プレイス」の実現である。

ここでも、デイルームに集まっていたお年寄りたちが、午後三時くらいになって校庭から子どもたちの遊び声が聞こえはじめると、自分の部屋に一斉に帰っていき、子どもが校庭で遊んでいるのを窓越しにずっと見ているというのだ。もちろん、この子どもたちは村の子で、統合された隣町の学校に通っているのだが、村に帰ってくると廃校となった校舎の校庭で遊ぶのだ。

「町の居場所」付き復興住宅案

このような、居住者が少しだけ町との接点をもちうるような町の居場所が、大小さまざまな

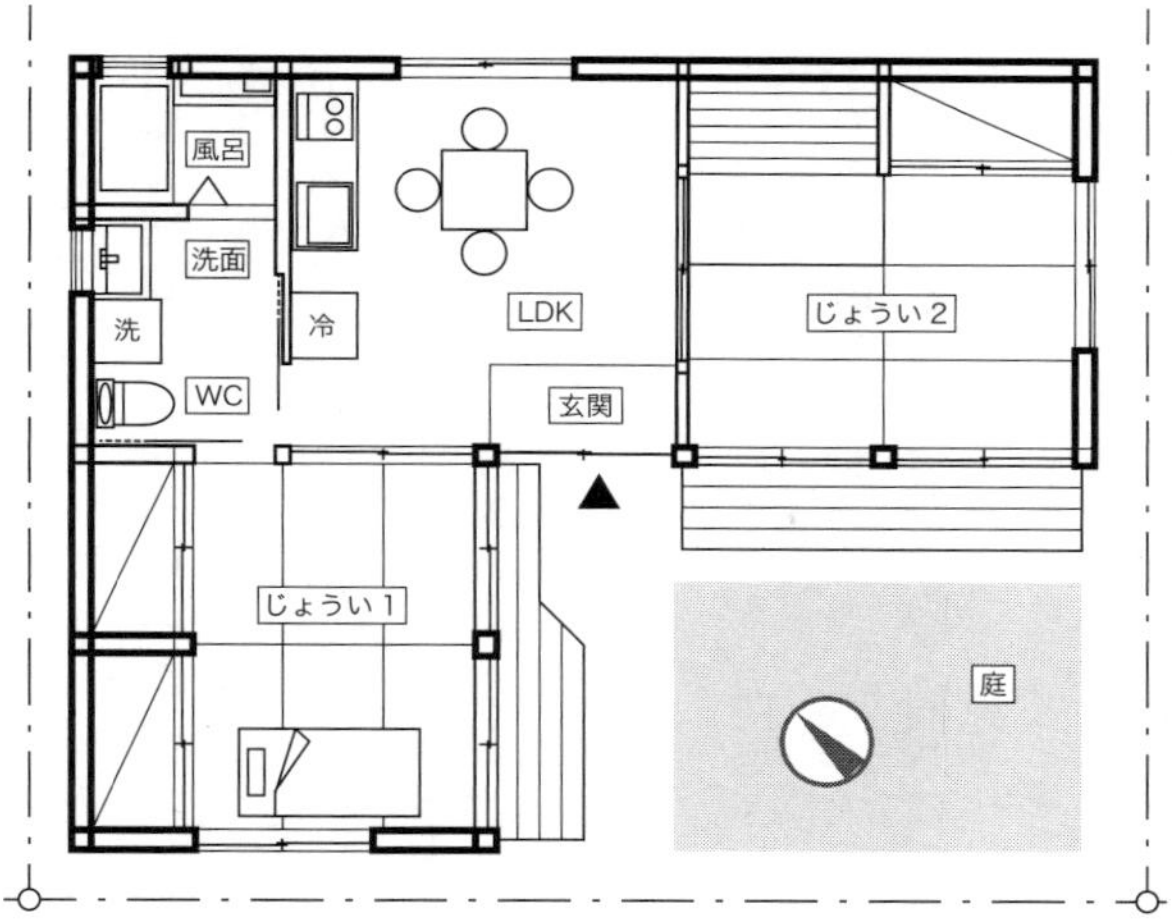

4-12　復興住宅の提案（じょういのある家）

形で、町のあちこちにあったり、自分の家の一角にあったりすれば、もっと風通しの良い環境になるのではないかと思い、東日本大震災の際に提案した復興住宅のプランがある（4－12）。これは、仮設住宅を出たあとに入居する災害公営住宅で採用されればいいと思ってつくってみたものだったが、結局、採用はされなかった。

この住宅はL字型をしており、南側の庭は、若者が住む場合は駐車場とし、年寄りが住む場合は畑にしてもよい。この庭に向かって、家の中の和室に接して縁側が用意されている。お年寄りがここに住む場合は、日中は畑仕事をしながらこの縁側で一休みをする。そして、たまたま通りがかった近所の人を捕まえて、お茶っこがはじまるという寸法である。

この和室を「じょうい」と名付けた。これは、岩手県南部に伝わる南部の曲がり家という伝統家屋で使われている部屋の名前で、「常居」とも書く。常に居るところ、つまり居間のことである。したがって、この和室には、縁側でお茶っこしていたご近所さんがいつの間にか畳に上がり込んで、話し込んでしまうということも想定しているわけである。

「じょうい」が左右に離れているのにもわけがある。老夫婦がここに住むことを想定しているのだが、どちらかが寝たきりとなって、介護や看護が必要となった人は道路脇にある「じょうい1」の窓際のベッドに寝る。そして、伴侶は「じょうい2」に寝る。なぜなら、夜間に訪問介護や看護のスタッフが来たときに、起こされなくて済むようにである。「じょうい1」はトイレ、風呂とも接している。寝たきりにならないうちは、部屋とトイレ、風呂の間を壁にしておいてもよいが、寝たきりになったら壁をとって引き戸にできる。こうして、一人でトイレに行く可能性を残しておくのと同時に、介護者の都合も考えているのである。

何より大事だと思うのは、ベッドを窓際に置くことである。この窓は、前の通りに面している。家の表の様子がよくわかり、お客さんが来たときにも、主(ぬし、あるじ)として対応できる。客人が来たときに、自分でお茶を入れることができなくても、家人にお願いして「お茶でも出して差し上げて」と言えることは、とても重要なことだ。

我々が、けがや病気をして病院に入院しているときですら、見舞い客が来たときに、借り物のベッドの上でリンゴの皮をむいて差し上げたり、家人にお茶を買いに行ってもらったり、椅子をすすめたりするだろう。これが主感《あるじ》である。客と接することもなく、客の前で主として振る舞うことも許されないような環境では、気分は一挙に衰えるだろう。ベッドの上の空間だけでも、主感をもっていることは、主体感をもって生きる上で重要なのである。

さらに妄想を膨らませていえば、例えば、この窓際のベッドの上で、あるご老人が暮らしていることを想定しよう。窓の外を保育園の年長組のお嬢ちゃんが毎日通り過ぎるかもしれない。たまには声をかけたりして、その子の名前くらいはわかるようになるかもしれない。毎日挨拶をするような関係もできて、その子が小学生になったときには、ひょっとするとその子の親が、わざわざ挨拶に見えて、「毎日お気に留めていただいたおかげで、この子も、小学生になることができました。ありがとうございました」なんて言われることがないとも限らない。

ただ漫然とベッドの上にいるだけで、人様のご厄介になることを憂いながら過ごすことと比べると、こんなふうに社会と接点をもちながら主として過ごし、ことによっては、ご近所にありがたがられるかもしれないという可能性を少しでも高めておくというのが、この設計のコンセプトなのである。こんな小さな住宅にだって、町の居場所を仕組む設計ができるという例である。

第五章　町を居場所にするために

居場所で住まいと町をつなぐ

1　超高齢社会に求められる町とは

地域包括ケアシステム

日本では福祉元年とされる一九七三年以降、高齢者福祉の政策として、『恍惚の人』に登場するような、家族による高齢者介護の隠れた過剰負担を少しでも取り除くために、高齢者を高度に専門化した施設で一手に引き受けて、面倒を見る方策が推進されてきた。このために全国に医療福祉施設がたくさん建設された。しかし、増える一方の需要に合わせて施設を建設し続ける財政的な持続性が課題となってきた。そして、超高齢社会を見据えて介護保険制度が導入された二〇〇〇年あたりから、高齢者を自宅で介護するように誘導する体制が少しずつ強化されてきたのだ。同時に、高齢者の社会的入院をなくすために、早期退院が診療報酬の改訂等によって促されるようになった。

施設ではなく自宅において高齢期から終末期を迎えるための一連の制度改革の先に見据えられているのが「二〇二五年問題」である。すなわち、日本で一番人口の多い世代である団塊の世代が、七五歳の後期高齢者になる二〇二五年あたりに、医療介護の財政負担がピークに達すると予想されるので、その対策を打っておこうという考えである。

そこで、二〇〇五年から施策として導入されたのが「地域包括ケアシステム」である。「可能な限り住み慣れた地域で、自分らしい暮らしを人生の最期まで続けることができるような、地域の包括的な支援・サービス提供体制」のことである。そして、その「地域」については、おおむね三〇分以内に必要なサービスが提供される日常生活圏域、具体的には中学校区が想定されている。つまり、在宅医療／介護を基本としながら、その前段階に必要となる生活支援・介護予防といったサービスの提供ネットワークを構築し、その支援のために、圏域ごとに地域包括支援センターを設置しようというのである。そして、このことを説明するのに5－1に似たポンチ絵がよく使われている。超高齢社会の話題になると、必ずといっていいほど登場するポンチ絵のエッセンスを描き出したものだが、この絵の中心は、明らかに「住まい」である。そして、そこには「自宅」と「サービス付き高齢者向け住宅」と記されている。

しかし、このポンチ絵を見ていていつも思うことは、そこに描かれている「住まい」の絵柄や、「自宅」と「サービス付き高齢者向け住宅」という文言のみで、本当に、「地域包括ケアシステム」が想定している地域環境が実現できるのだろうか、ということである。

このポンチ絵は、あくまでも医療／介護系のサービス提供のネットワーク構築という、ソフト面の話を主眼として作成されていることは重々承知の上だ。それにしても、高齢者が自立した生活を営めなくなったときにも、全く縁もゆかりもない施設に入所させられるのではなく、「生活の薬箱」といえるような町の中で年老いてゆくためにはどうすべきか。あるいは家族と近居しながら、あるいは近距離の引越しも経ながら地域循環居住をしてゆるく定住できるような町は、どのような建築物やインフラによって構成されるのか。こういったハード面からの話はなかなか見えてこない。

人は住宅にも住むが町にも住む

超高齢社会を迎えるにあたって、全国津々浦々の地域を、地域包括システムが目指している「可能な限り住み慣れた地域で、自分らしい暮らしを人生の最期まで続けることができるような」町とするためにはどうしたらいいのだろうか。

おそらくこれまで述べてきたように、人生のスパンで住まいと町を考える「時間」軸を考慮した、十家族十色の多様な住まい方が実現可能な「家族」の多様性を許容することであろう。そのためには、今住んでいる地域を多様な「居場所」がちりばめられた「生活の薬箱」といえ

5–1　地域包括ケアシステムの概念

る町につくり変えていくことが、一つのわかりやすい手だてになるのではないだろうか。

これまで本書で引き合いに出してきた、さまざまな「住みこなし」の事例をながめてみると、確かに人びとは、住宅を住みこなしているようでもあるが、同時に町をも住みこなしている。すなわち、「人は住宅にも住むが町にも住む」ということなのだ。しかし、今の日本の住宅供給の場面で、こうしたことを意識して取り組んでいる例はほとんど見られない。戸建て住宅、マンション、賃貸アパートなどの住宅を供給する側である住宅メーカーや不動産事業者の多くは、すでに取り組んでいるお得意の住宅形式の中に、さらなる高性能のエネルギー系、省エネ系、ＡＩ系の機器備品を充実させることにしのぎを削っている。日本の家電製品が、ともすると、多機能なボタンをどれだけたくさんくっつけるかという方向でのみ進化してきた姿に似ていなくもない。

第一章で見たように、戦後の建築業界は、戸建て住宅もアパートも、学校も病院も図書館も役場庁舎も博物館も体育館も、そして、高齢者のための医療介護施設も、すべて戦争によって不足していたので、それらをそれぞれ効率よく設計・建設するため、多くの研究が行われてきた。さらに、日本においては耐震強度や防災性、そして最近では省エネ性が加わって、建築学研究のテーマを牽引してきた。

しかし、今や時代は人口減のモードに入り、余りつつある施設をどのように減らしていくか、集約化するかという課題を解かなくてはいけなくなっている。それを下敷きにしながら、超高齢社会をどう生き延びていくのか、すなわち、「可能な限り住み慣れた地域で、自分らしい暮らしを人生の最期まで続けることができるような」町をどうつくっていくのか、いや、すでに町は形成されているので、どうつくり変えていくのか、がテーマとなっているのである。

こうしたときにヒントになるのが、「一つ一つの建物の中だけで解決しない」ということだろう。テーマは、「住み慣れた地域」なのである。住み慣れた地域というのが、すなわち、本書で主題としている「住みこなせる町」である。一人の人生における多様なニーズの変化に対応できるような、薬箱のような町。町の中に多様な種別の住宅が提供され、そこを循環的に引越せるような町。家族資源、地域資源、制度資源のいずれをも使いながら、「住み慣れた地域」に住み続けることが可能な町。これが目標とされなければならないだろう。こうした目標は、地域包括ケアシステムを受け入れる器をつくり上げるための目的でもある。

このような観点から、以下、これまでの各章で述べてきたテーマに即して、具体的な実践がどのように可能そうなのか、そしてその課題がどのように我々の眼前に横たわっているのかについて見てみよう。

2　時間――町をゆっくりと成長させる

高齢化しない町

千葉県佐倉市に「ユーカリが丘」というニュータウンがある。この町はここ十数年来「老いない町」として注目を浴びている。その実態と秘訣を探ろうと、以前、この町の開発事業者である山万株式会社にインタビューしたことがある。

この会社は以前ほかの場所でも住宅地開発を手掛けていたが、そこで町が一挙に衰退していったという経験から、ユーカリが丘の開発においては、「住戸の供給を年間二〇〇戸に限定する」というルールを定めて進めてきた。しかし、毎年二〇〇戸に限定するということは、じつはなかなか難しいのである。例えば、ある年に、大変景気がよくて、年間二〇〇〇戸売れそうな勢いのときでも、二〇〇戸しか売らないのであるから、利益追求という企業の本質からいえば、なかなか困難なルール設定であるといわざるを得ない。およそ民間企業では考えられないようなな特殊なルールなのである。だが、この会社が持ち株会社であったことから、このあたりがクリアされているのである。

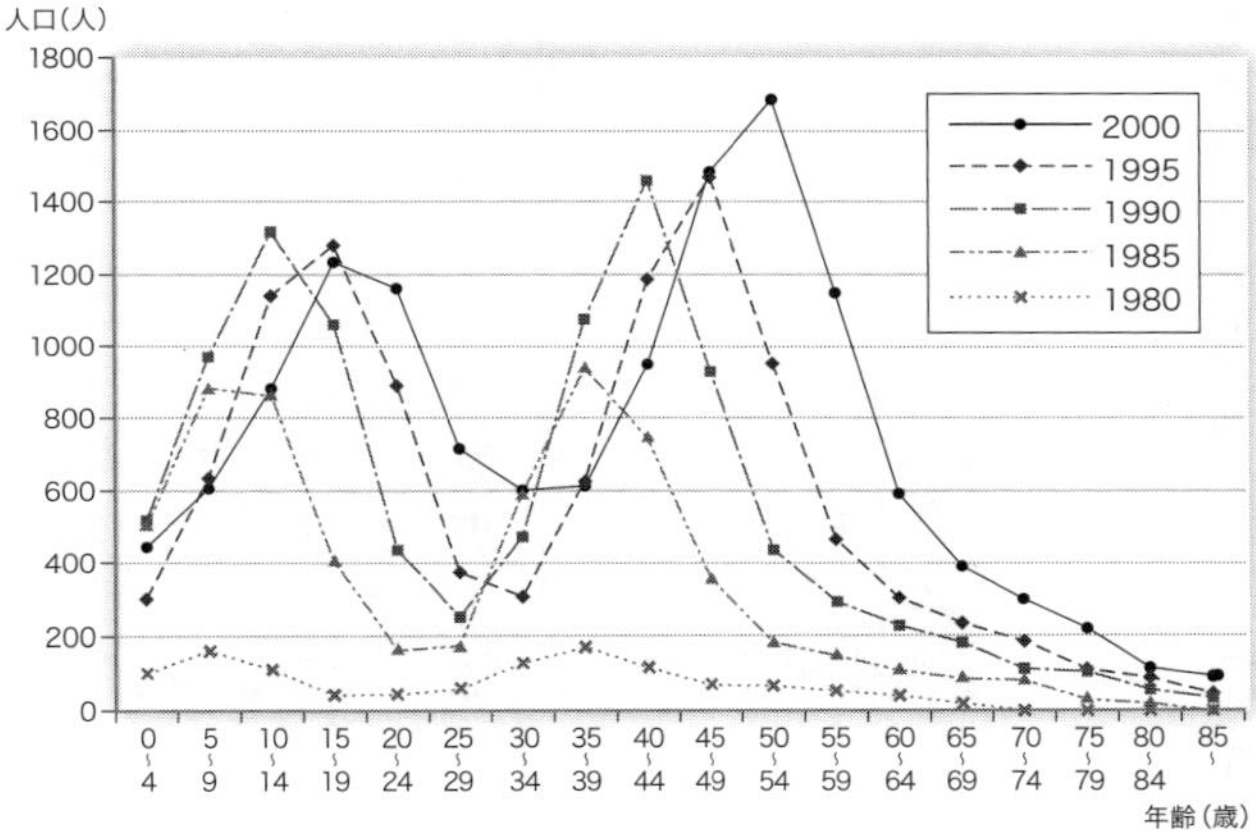

5–2　ユーカリが丘ニュータウンの人口構成の変遷

しかし、この奇妙なルールがじつに面白い結果をもたらしている。この町の人口構成の推移を見てみると(5–2)、年を経るにつれて、第一章で述べたフタコブ型のグラフが次第に改善されている。つまり、フタコブの間のくぼみが底上げされているのである。これは、住戸供給数を年二〇〇戸と限定することで、ほぼ毎年「三五歳と生まれたて」の若い家族が二〇〇世帯ずつやってくるためである。この、「三五歳と生まれたて」の町への転入が一挙に起きると、フタコブ型は二五年もするとやがてヒトコブ型の高齢団地となってしまう。だが、「三五歳と生まれたて」が少しずつ転入することによって、当初の偏りが少しずつ是正されるのである。

工夫は供給数のコントロールだけではない。この会社では、新築する住宅の種別やデザインを変えることによっても、町の人口構成をコントロールしようとしているのである。同じDNAをもつ人間であっても、その年齢や家族の状況によって、惹かれる住宅のタイプが異なることは第三章で見てきた通りである。それぞれの住宅のもつデザイン特性を微妙に使い分けて、毎年二〇〇戸ずつ供給しているのだ。だから例えば、このエリアには比較的若い人を、とか、このエリアには比較的壮年層をといった、居住者層の誘導を考えて、住宅の種別やデザインが決定されるという。

5–3　ユーカリが丘ニュータウンの景観

その結果、町全体の風景は5-3のようになる。これは、未開発の土地からニュータウンを撮ったものだが、超高層もあれば、中層もあり、賃貸アパートもあるし、さまざまな種別やデザインの住宅が混在している様子がわかる。一見すると、統一感がないといわれそうではあるが、町がもっている機能の構成で評価すれば、多様なニーズをもつ、多様な世代の老若男女が住める町としての住宅種別構成になっているのである。

最大瞬間風速的利益確保という課題

ただ前述のように、この事例は開発事業者が持ち株会社であるがゆえに実現できた側面も強い。一般の株式会社は、年に二〇〇戸供給などという悠長なことをしていては経済的に成り立ちにくい。そこには、最大瞬間風速的利益確保という課題が横たわっているのである。私が教えた学生で、不動産業界に就職する人は多いが、あるときある卒業生にこう言われたことがある。「先生の授業ではユーザーのために仕事をしろと学びましたが、うちの上司は、株主様のために仕事をしろと言うんです」。

株主様のために仕事をするというのは、いわゆる投資利回りを最大化するために、短期間で、最大瞬間風速的に最大限に儲けるということである。したがって、これまでたくさんつくられてきたニュータウンのように、いっぺんに同じ型の住宅を供給して、瞬間的に利益を上げるということを、目的化せざるを得ないのである。

それでは、自治体やURのような公的機関にこうした開発をやらせればいいのではないかという意見が出そうだが、現実的には、住宅建設が経済政策のテコとして利用される側面も強く、時の政権の風向きによって開発方針が変わってしまうこともしばしばあるため、いくらよい計画を立てても、長期にわたってその計画を実現していくという体制はとりづらいのである。ゆえに、公共でも民間でも、こうした息の長い「町の育成」はこれまで望めなかったのである。

ただ、今や日本の町の多くはすでに「つくり変え」のモードに入っていて、二〇世紀的な瞬間的大規模投資の時代を過ぎつつある。インフラから抜本的に町をつくり直すというよりは、上物と呼ばれる建物の用途や姿かたちを、少しずつ町にとって望ましいものに変えていくことができればいいのである。また、投資についても、ソーシャルビジネス的な投資をうまく誘導することによって、「町を育てる意志のある投資」を呼び込むことも不可能ではないだろう。公共側が、地域ごとに、その町の育てたい姿を思い描き、こうした誘導をいかにできるかが今後のカギとなるだろう。

3　家族——多様な住宅を混ぜる

多様な住宅タイプを混ぜる町の提案

第一章で、分譲戸建て住宅や分譲マンションや賃貸アパートがそれぞれ独自に、特定の年齢層の人間を惹きつけているという話をしたが、ある特定の町の将来的な年齢構成がいびつにならないように、町の中のこれらの住宅種別の多様化を図り、ひいては、町に住む人びとの年齢構成の平準化を図ることも不可能ではないだろう。

こうした、町のつくり変えの絶好のチャンスの一つが、公的賃貸住宅の建て替え時だ。公営住宅やURや公社の賃貸住宅である。昭和時代に建設されたような住宅団地は、賃貸住宅であっても、たいていは高齢者がたくさん住む高齢団地となっている。その理由の一つは、かつての住宅政策が想定していた住宅双六的な住み替えがうまくいかないことにある。国民全員が必ずしも右肩上がり的に年収を伸ばすわけではない。ある人は家族の事情で、ある人は身体的な事情で、ある人は不運にも思ったほどに年収が伸びずに、「庭つき郊外一戸建住宅」の「上り」へ移行できない。または、ライフスタイルとしてそこを選択している人もいるだろうし、団地自体がその人にとって「生活の薬箱」的な環境となっていて、老いてますますそこを離れられないという人も多いだろう。いずれにせよ、団地の建設当初に考えられていた住み替え理論の想定外のことが起きて、こういう結果になっているのである。

一方で公的住宅は、景気刺激策という期待と、新しい住宅をつくると若い人もやってくるのではという期待もあって、全面的に建て替えられる傾向にある。ことに近年は、建て替えの際に敷地の有効利用と称して前から住んでいた居住者のために高層住宅を供給し、密度を高めて集約させて、土地を計画的に余らせ、そのあとに残った余剰用地、すなわち空き地を、事業用地と称して民間に売却するのが一般的だ。町を構成する建物群を、一定割合で更新していくことも必要なので、それはそれでいいのだが、考えるべきポイントは、この事業用地に何が建つかを計画することであろう。

この事業用地を民間事業者が取得して住宅を建てるとなると、たいていは、すべて分譲戸建て住宅一色か、すべて分譲マンション一色の、二者択一となる。なぜなら、最大瞬間風速的に一番利回りがいいのは分譲系の住宅だからである。賃貸を建ててしまうと、借入金の返済に時間がかかり、利回りは低くなる。これでは株主様は納得しない。さらに、賃貸住宅経営は、ある種のクレーム産業でもあり、手離れの悪いビジネスでもある。それではなぜ、戸建て住宅ばかり、あるいは分譲マンションばかり、という建ち方になるのだろうか。それは、駅から徒歩何分圏内だと分譲マンションの方が利益が多く、そこから先は分譲戸建ての方が利益が多いというふうに、駅ごとにほぼ決まっているからである。したがって、ある団地の事業用地は、おのずとその立地によって、駅から徒歩何分以内だとすべからく分譲マンションとなり、徒歩何分以上だとすべからく分譲戸建てとなるわけである。

さて、問題はここからである。大規模団地の建て替えであれば、事業用地の面積も大きくなり、したがってそこに建つ分譲系の住宅の戸数も多くなる。新しい団地の誕生である。ところが、この新しい団地がまた一挙に「三五歳と生まれたて」ばかりを惹きつけたらどうなるだろうか。もちろん、二五〜三〇年後には高齢団地となるのである。こうした懸念は、相当先に生じるので、現段階ではこのことを疑問視する人はあまりいないが、このままでいいのだろうか。

この問題を考えるために、その団地を含む小学校区とか中学校区くらいの範囲で、その事業用地にどういう住宅タイプを建てるかによって、将来の団地全体の人口構成がどのように変わるかを推計してみた(5-4)。

ここに示すそれぞれのグラフは、事業用地に、上から順に「分譲戸建て住宅のみ」「分譲マンションのみ」「賃貸アパートのみ」そしてそれらを「ある割合で混合したもの」を建てた場合の、二〇年後の人口構成予測を実線で示したものである。いずれのグラフにも、二〇年後の市全域の人口構成予測を破線で示している。なお、それぞれの年代の人口を全体の人口に対する割合で示しているので、縦軸の単位は%となる。

二〇年後の「分譲戸建て住宅のみ」は、ヒトコブ型の様相を呈し、「分譲マンションのみ」は「フタコブ型」に近い。次の「賃貸アパートのみ」は、やはり三〇歳代を中心とした人びと

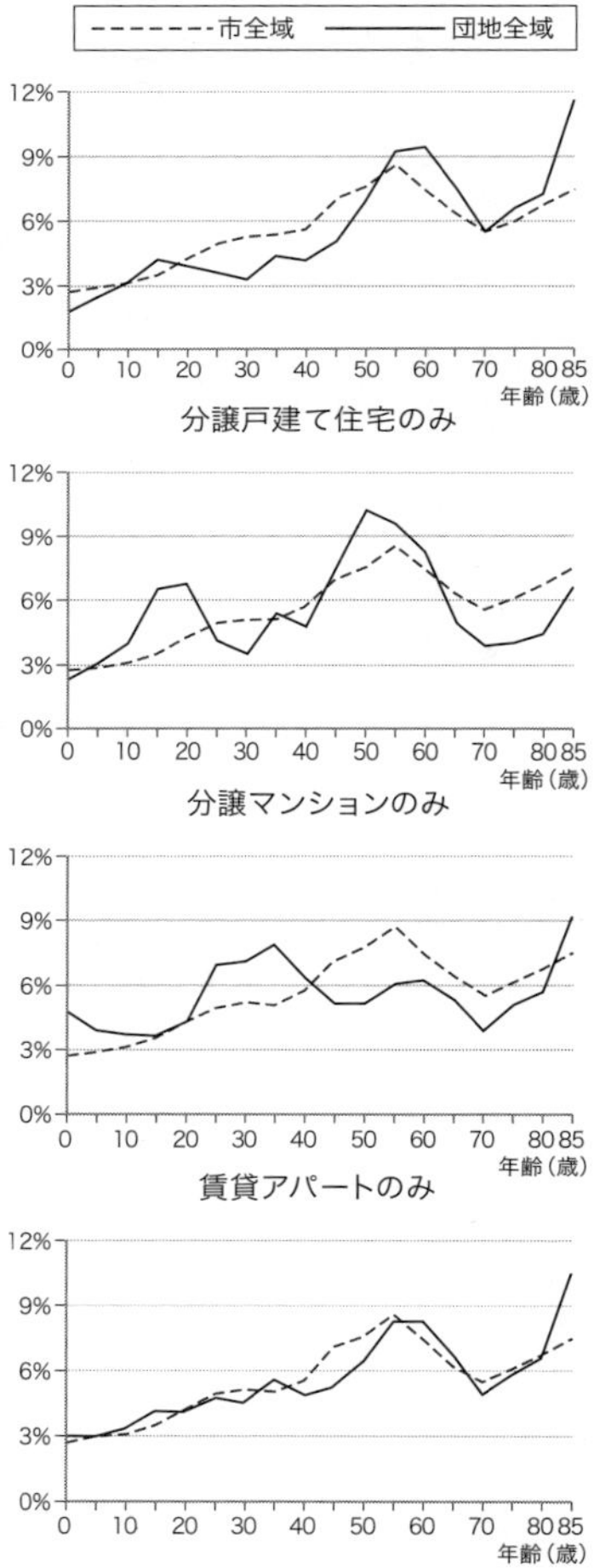

分譲戸建て：分譲マンション：賃貸アパートを4:1:5の割合で供給

5-4　供給住宅種別による団地の将来人口推計

の人口が多い。さて、これらをどのように配分すると、市全域の人口構成に一番近いかを計算したところ、分譲戸建て住宅、分譲マンション、賃貸アパートの戸数比率が、四対一対五の割合となった。これが一番下のグラフである。建て替えの際に、ただ一種の住宅種別を供給するのではなく、将来を見越して複数の住宅種別を混ぜることによって、将来の人口を誘導することが可能なのかもしれない。

もちろん、この推計自体もいろいろな前提に立って計算しているので、必ずしも万全ではな

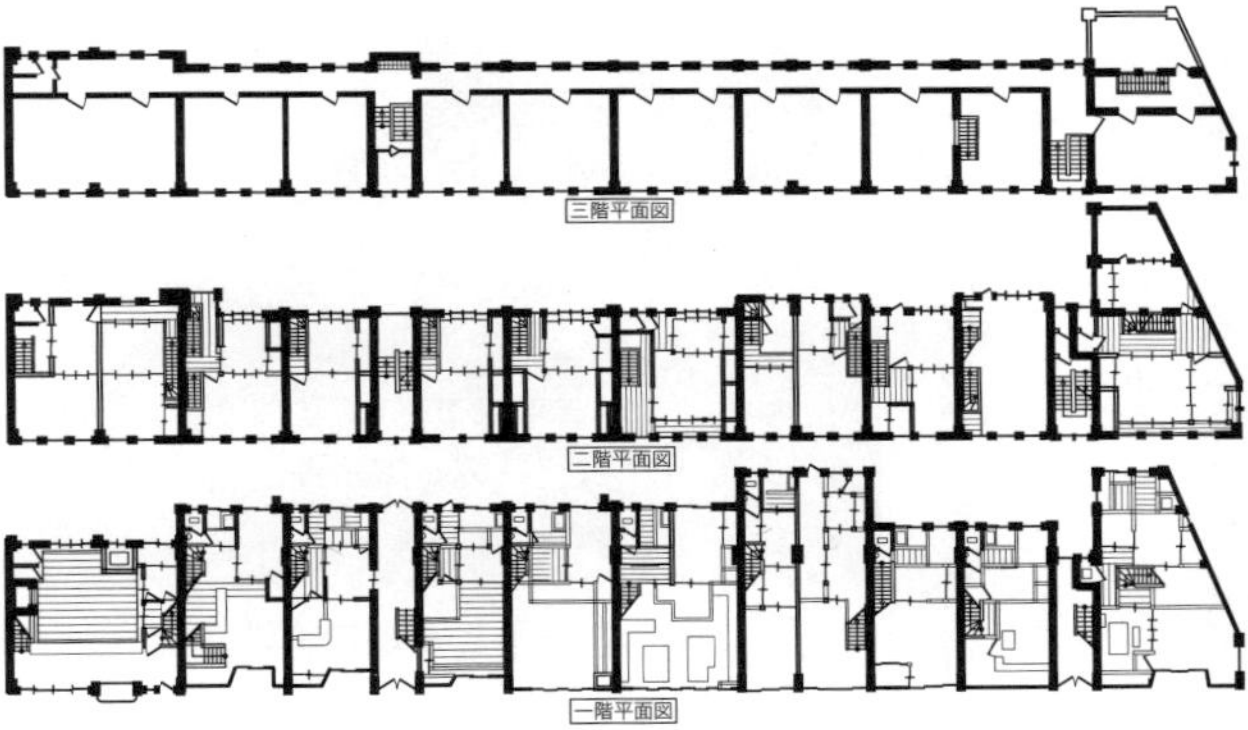

5-5　九段下ビルの各階平面

く、想定外のことも起こりうる。だが、少なくとも賃貸アパートを「混ぜる」ことの効果は確認できるはずだ。このような、新しい思考によって、地域の人口構成を安定的に保つことができると同時に、多様な住まい方を実現し、多様な住宅を供給するための計画論が成り立つのではないかと思う。

多様な住宅タイプを混ぜた集合住宅

一つの集合住宅の中に分譲的な住宅と賃貸的な住宅を混ぜて供給するということも、歴史をひも解いてみると、実践されていたりする。5-5は、一九二七年に、関東大震災の復興住宅として同潤会と同じ時代に建設された集合住宅の例である。のちに、九段下ビルと呼ばれるようになったこの集合住宅はRC造三階建てであり、一〇軒分の住宅から成り立っている。図をよく見ると、一階が基本的に店舗となり、店舗内部には内部階段が設置され、それぞれ二階に行けるようになっている。つまり、集合住宅の中の上下の階を内部階段でつなぐ、メゾネットと呼ばれる形式の住宅となっている。

じつは、この住宅が建つ前、ここには一〇軒の町屋が建っていた。町屋というのは、伝統的な木造二階建ての店舗併用住宅であり、江戸時代から町の表通りにはたいていこうした建物が軒を連ねて並んでいた。一階には店の間があり、帳場があり、ちょっとした茶の間があり、裏に台所と便所。二階に続く階段を上ると二間か三間続きの和室があって、そこが寝室となる、という感じの間取りだ。じつは、この建物はこうして一〇軒並んでいた伝統的な町屋が、関東大震災の火災で焼けたので、一〇軒一緒に共同建て替えを行ったものである(5-6)。

5-6　九段下ビル竣工時の外観

だからこの図面をよく見ると、一階部分と二階部分のそれぞれの空間構成が、伝統的な町屋を踏襲していることがわかるだろう。それればかりではない。よく見ると、それぞれの店舗の間口が微妙に異なっている。その理由は、焼ける前の町屋の間口がまちまちだったのを、そのまま踏襲して共同建て替えを行ったからである。この方が、震災直後の大混乱の中、敷地面積を割り出すための測量や何かの面倒を少しでも軽減でき、何よりもわかりやすいので、合意形成もしやすかったのだろう。つまり、一〇軒の町屋をＲＣ造で建て替え、隣との壁を一枚にし、三階部分をつけ足す、という計画であった。

さらによく見ると、一階から三階まで続く共同階段が二か所設置されていたことがわかる。この共同階段分の間口を確保するために、それぞれの家の幅は同じ比率で減らされている。この共同階段を三階までたどると片廊下があり、一階二階と同じ幅の部屋が片廊下に面してつくられている。中には、二階から三階へ続く内階段が設置されているところもある。この三階の住戸は、共同建て替えによって新たにつくられたプラスアルファの住宅なのである。ここを下の階の持ち主が自由に使ってよかった。したがって、ここを自宅の延長としたり、子どもの勉強部屋や親の隠居部屋に使うこともできた。はたまた、外部から直接アクセスできるために、他人に貸して賃料を稼ぐことだってできた。二階から内部階段で直接三階に行けるようにしていないところが多かったのは、主に、三階住戸を外部の人に貸して、賃料を稼ぐことを念頭においてて設計していたからである。

5–7　韓国の多世帯住宅

この建物は、震災後東京市の外郭団体として組織された復興建築助成株式会社が、低利で貸し付けを行ってできたプロジェクトだった。したがって、一〇軒の家主さんたちはそのローンを返さなければならなかった。そのためには、二階建てだった町屋の上にもう一階つけ足して三階建てとし、そこを人に貸してローン返済に充てる。そしてローンの返済が済んだら、自分で好きに使ってよい。そんな発想から生まれた面白い空間構成をもつ建物だったのである。

お隣の韓国では、この九段下ビルの考えによく似た都市型住宅がたくさん建っている。多世帯住宅といって、5−7のような形をしている。韓屋《ハノック》と呼ばれる伝統的な木造平屋の住宅を、戦後建て替えるときによく用いられた住宅形式である。特徴的なのは、外階段付きの多層階の住宅となっている点である。

この多世帯住宅が建てられるときは、たいてい、上層階に家の持ち主が住み、下の階をよその人に貸して、その賃料を建て替えのローン返済に充てることになる。韓国では、ジョンセといって、売買価格の半分以上の保証金をあらかじめ家主に託しておき、家主はこの保証金を運用してローン返済に充てるのである。また、上の階に住むのは、貸し出した部屋の住人からプライバシーを守るという理由が大きい。

しかし、家主も歳をとってくると、階段の上り下りが次第にきつくなるので、一階に降りてきて、逆に上層部を貸し出すようになることもある。こうすれば、今度は貸し出した部屋の住人から「ゆるく見守られる」ことだって可能なのである。

単に内部階段を外部に設置しただけなのに、こうしたいろいろな住宅の活用法が可能となるのである。これを日本でいえば、第二章で見た長屋門の部屋を貸し出すことに相当するだろうし、日本の都市部で見られる庭先アパート経営にも共通する。ただ、韓国はこの手法が都市住宅の一般解として流通しているという点が異なるのである。

時には稼ぎ、時には家族の状況変化に応じて自分で使うことのできる変幻自在の住宅。これなら日本でも十分にできそうである。個人レベルでできる「住みこなせる町」をつくる第一歩となるかもしれない。

4　引越し――町の住宅双六を

戸建て団地と集合住宅をリンクさせる

栃木県の緑豊かな別荘的な温泉付き戸建て住宅地として、フィオーレ喜連川の開発がはじまったのは一九九二年のこと(5-8)。分譲当時は東京から田舎暮らしに憧れ、たくさんの人びとが移住してきた。中には、新幹線通勤してまでここに移住する人もいた。また、定年後の田舎暮らしを夢見て、とりあえず家や土地を購入した人もいた。別荘風の戸建て住宅地としては大変よい環境であり、さらに、長期にわたって分譲されてきたので、一挙に開発され、一挙に移り住まれた町ではなく、町の年齢構成も多少ばらついている。しかし、寄る年波に勝てる団地はない。ここでも、居住者の高齢化が少しずつ問題となりかけていた。

この戸建て住宅だけの団地の隣には、たまたま雇用促進事業団が経営するRC造五階建ての二棟の賃貸アパートが建っていた。もちろん、戸建て住宅団地よりは比較的若い層がその居住者ではあったが、このアパート住民と戸建て住宅団地の住民の間には、さしたる交流はなかった。ところが、一九九九年の事業団の廃止に伴い、このアパートが、居住者が住んでいる状態で売却に付された。そして、それを買い取ったのが、戸建て住宅団地で組織する管理組合の理事長であった。不動産業も営んでいた理事長は、この二棟のアパートを単なる金儲けの器として利用しようと考えていたわけではないところが偉かった。

5-8　もと雇用促進住宅，フィオーレ・ガーデン

フィオーレ・ガーデンと新たに名付けられたこのアパートには事業団時代から住んでいる人もいたが、空き家も多かった。この空き家をどう利用するかが大事なポイントであった。もちろん、理事長として戸建て住宅団地をつくり変えるための方策をとったのである。

新たに貸し出される部屋には、「中学生以下の子ども一人につき賃料五〇〇〇円オフ」、「店舗利用者は契約から三ヶ月間賃料無料」「セルフリノベーション可」「市外からの移住者は契約から三ヶ月間賃料無料」といった、本来なら行政がやってしかるべき手を次々と打って、この戸建て団地に必要とされるタイプの世帯や機能を、この賃貸アパートを使って補完していったのである。このほかにも、このアパートに訪問介護事業所を誘致して、戸建て住宅の老後の安心に備えたりもしている。さらに、このアパートに移り住んだ人が、ついには、空き家となっていた中古の戸建て住宅を買い取るという話も出てきているという。まさに、第三章で述べた浸透現象が起こりつつあるのだ。

端から端まで同じ戸建て住宅で埋め尽くされている住宅地がよい町だとされがちな日本において、五階建ての大規模なアパートが隣接するということは、一時はある意味忌避すべき状況だったかもしれない。だが、これを奇貨とし、長期間にわたって変化してきた戸建て住宅団地の救世主的な存在に仕立て上げることもできるという好事例である。

町の中での住み替え計画

二〇一一年八月、東日本大震災からたった五か月後、紀伊半島南部の山間部を中心に台風一二号による豪雨によって大規模な土砂災害が起き、全国で九八人の死者・行方不明者が出た。このうち一三人の死者・行方不明者が出た奈良県十津川村は、明治時代の一八八九年にも同様な土砂災害を被っており、そのときには約二五〇〇人の村民が北海道に移住していった歴史をもつ。その移住者たちによってつくられたのが、現在の北海道新十津川町である。その新十津川町からも今回の被災に対して応援部隊がやってきたという。

さて、平成の大水害に見舞われた十津川村ではまず、地場産材と地場の文化的景観を生かし

5-9　既存集落のたたずまいに溶け込んだ災害公営住宅（谷瀬地区）

た木造の仮設住宅と木造の災害公営住宅が建てられた。ほぼ、山間の斜面地しか建物を建てる場所がない十津川村では、まとまって災害公営住宅団地を建てることができなかったこともあって、多くの災害公営住宅は集落に点在する既存民家の間を埋めるような形で建設された。結果として、既存集落の景観を著しく阻害しないようなたたずまいの、まるで昔からそこに建っていたかのような、復興住宅の風景が実現している。ちなみに、5-9の中の○で囲んだ手前の三棟が公営住宅である。

十津川村では、合計一三棟の災害公営住宅が建設されたが、このうちの九棟は、高森地区と呼ばれる既存集落の斜面地などに建てられた。この高森地区には、かつて谷あいを埋め立ててつくられた特別養護老人ホームが立地し、村内の貴重な高齢者福祉拠点であった。この特養を建てる際にその横に既存集落とつなぐような形で地域向けの公園が整備されていたのだが、土砂災害のころには公園で遊ぶ子どももほとんどいないような状況であった。

そこで村ではこの公園の敷地を利用して、既存集落と災害公営住宅と特養を結ぶような形でここに、「高森のいえ」と呼ばれる、高齢者向け住宅、子育て向け住宅、集会施設からなる村営住宅団地を建設し、特養からの介護サービスをあてにしながら、村内のさらに山深いところからの移住者の受け皿となるような環境を提供したのである(5−10)。

多くの行政では、自治体外からの人口獲得を目指して、移住者のための定住促進住宅などを新設するケースが多いが、今後は十津川村のように、村内から村内への移住、すなわちGターンを計画的に誘導するために、昔つくった特養や公園や、今回つくった災害公営住宅という地域の既存資源を活かす事例が、増えていかなければならないだろう。

5−10　特養(左)と災害公営住宅(右奥)に囲まれた「高森のいえ」(高森地区)

住情報をつないで町の住宅双六をつくる

フィオーレ・ガーデンや高森のいえのような事例が、今後たくさん増えてきて、その町にゆるく定住したい人が、比較的短距離の引越しでＧターンを成し遂げ、そのことがまた、町の成長を促進して、住民にとっても町がさらなる薬箱になるような好循環が生まれるようになるといいと考えてはいるが、ここでネックとなるのが「住情報」である。

「私は今こんな状況で、次に、この辺りに引越したいのだけど、どこに住めばいいの？」という場合、私たちは、まずどこに行くのだろうか。元気であれば、さしずめ、ちまたの不動産屋を訪れるだろう。あるいは、最近だとネット検索して、とにかくいろいろな物件を渉猟するのだろう。しかし、ちまたの不動産屋やネット検索で出てくる物件が、すべての引越し先を網羅しているのだろうか。

答えは、否である。通常、ちまたの不動産屋には、公営住宅やＵＲ賃貸住宅や公社の賃貸住宅の情報は流通していない。これらの住宅に住みたかったら基本的には、公営の、ＵＲの、公社の窓口に、それぞれ個別に当たってみなければならない。

また、そのとき自分がかなり高齢で、多少の見守りサービスや、いざとなったときの緊急サポートが付いた、それこそサ高住のような物件がいいと思ったらどうすればいいのか。残念ながら、この場合も、ちまたの不動産屋では、ほぼ扱っていない。これは、役場や地域包括支援センターの窓口や、あるいは、その町のケアマネージャーに聞くのが妥当だろう。

そのほかにも、自分の親が大腿骨骨折などをして入院したのち、そこには置いてもらえないので、リハビリ病院に転院し、またそこにも長く置いてもらえないので、常時介護が付いている有料老人ホームなどを探そうとしても、この情報も行政やケアマネージャーに尋ねなければならない。認知症になってしまった場合はどうか。障害がある場合はどうか。お金がなく生活保護を受ける場合はどうか。

現状では、こうした「次に住む場所」を探すための「住情報」がほぼ分断され、たまたま出会った情報にのみ頼りながら、引越し先を決めなければならない状況に、私たちの多くは置かれているようだ。まだ元気なうちはいいが、何かあったときにどうなるのか予測のつかない情報環境下で生きている事実が、私たちの超高齢社会を不安なものにしているのではないだろうか。

よく、いろいろな団地でインタビューするときに、自治会長や町内会長に「今の町の課題は何ですか」と尋ねることがあるが、やはり最近は「高齢化です」との答えをいただくことが多い。今度は「高齢化の何が問題なのですか」と尋ねると、自治会の活動が低迷しているとか、孤独死防止が課題だとの答えをいただく。だが、究極的には、「何かあったとき、次にどんなところに移り住まねばならないのか、想像もつかない」という漠然とした不安が、ことさらこの高齢社会問題に、得体の知れない空恐ろしさを加味しているのではないかという気がしている。

こうしたときに、その町で、こんなことになったら、こんな住宅があって、どんなふうに引越して、そのあとはこんな生活になるんだろうなという、筋道が見えているような、そんな町に今の町をつくり変えなければいけないのではないだろうか。やはりそのためには、町にいろいろな状況の人が住める多様な住宅がないといけないし、それらの多様な住宅に関わる住情報がつながっていて、ワンストップの窓口で解決できるような仕組みが重要そうである。これだけネットが充実していれば、あとは縦割り的な窓口をネットでつなぐだけでも、相当見通しのよい社会になることだろう。

その町の既存資源を最大限に利用した形での、新しい「町の住宅双六」を、町ごとに形成できれば、超高齢社会は今よりも少し明るくなるのではないかと思う。

町の住宅双六で住み替えのラインアップを

このように、ある町においてGターン的に住み替えを希望した場合に、すぐに答えが見つかるような多様な住宅の充実と、それらの住情報の連結が重要なのであるが、このような考え方はUJIターンの人びとをうまくキャッチするためにも、じつは重要な気がしている。

近年よく、UJIターンによって引越してくる人びとを獲得しようとして、定住促進住宅などを整備する自治体が増えてきているが、こうした住宅を建設したからといって都会からすぐに移住希望者が現れるものだろうか。

一番難しそうなIターンを考えてみると、まずその町を知ってもらう必要がある。シティ・プロモーションである。そこで、この町を訪れようとする人びとには、何を用意すべきなのだろうか。いきなりお試し宿泊体験コースでは、ハードルが高いだろう。まずは、観光でも社用でも、一度足を運んでもらうことである。このときに重要なのが、民泊も含めた「一泊」をどう提供するかである。まずはこの「一泊」からはじまるのではないか。

そこからはじめて、例えば、数日間滞在可能な体験宿泊があって、一週間程度割安で滞在できるようなゲストハウスがあって、それからシェアハウスで数週間滞在してみて人脈を形成したり職を探したりして、まだ住民票は移さないけれども賃貸アパートに数か月単位で住んでみて、それから戸建てをリノベーションして賃貸しているような、戸建てリノベ賃貸物件に住みながら、地域の様子を探り、満を持して、持ち家を探して住民票を移す。

こうした段階を経た移住というのが想定されていてこそ、人びとはいつの間にか自然な形で、その町に引越すのではないか。そのためには、例えば、民泊↓体験宿泊↓ゲストハウス↓シェアハウス↓賃貸アパート↓戸建てリノベ賃貸↓持ち家、といった、その地域独自の「町の住宅双六」が、用意されなければならないだろうし、その住情報もつながっていなくてはならないだろう。場合によっては、この間に、ホテル・旅館というのもあるだろうし、要介護者であるならばショートステイなどの介護系の宿泊も重要なワンステップとなるかもしれない。いずれにせよ、その地域独自のラインアップを考え、それを町の住宅双六に落とし込むことができれば、UJIターンの移住者を呼び込むにあたって、今この町で何が足りないのか、おのずとわかるようになるのではないだろうか。

親世代と子世代の老後の引越し先を一緒に考える

さて現在、地方への移住については、若者や高齢期の世代に焦点が当たっているようだが、私はさらに、自らの定年を目前に控え、かつ、高齢の親を抱えた五〇歳代くらいの人たちにも注目していいように思っている。第四章で述べた、コミュニティ必要曲線における「第二の青春」と「第三の青春」の間にいる人びとだ。すでに、子どもは独立していて孫が生まれはじめているかもしれない。しかし、親の介護をめぐって、どこか適当な施設がないかを探すような時期でもある。さらに、自らの定年を目の前にして、自分の第二の人生、第三の青春、そして老後の期間をどこで過ごすべきかという課題も、リアルな問題として浮上しつつある。

こんな年頃の人びとにとって、ある種理想的な住み替え先の一つとして、親の最期の住まいの比較的そばに近居して、自らの第二の人生の舞台が構築できるような町、しかも、時どき子ども世帯が孫を連れて遊びに来て、しばらく滞在してくれるような、そんな町が考えられないだろうか。

地方都市では、老後の住み替え先として引越してきてもらおうと、一生懸命に素敵な介護付きの高齢者居住施設をつくるという動きがあるが、こうした人びとにも引越してきてもらえるような、居住環境づくりにも励むべきだと思うのである。彼らには、都会で住んでいたマンションの売却金と退職金と厚生年金がついている場合が多い。こうした人びとに、第三の青春を謳歌してもらうために、町をどのようにつくり変えていけばいいのかということも、考えはじめるべきではないだろうか。

5　居場所――近隣に頼るきっかけの場づくり

他人に迷惑をかけないことの是非

重松清の『定年ゴジラ』に、こんなシーンが出てくるのが印象的だった。会社を定年して、若いころから住んでいるニュータウンに骨を埋めようとする主人公の長男は、エリート都庁職員。ある日、このニュータウンでどか雪が降ったとき、主人公が長男に家の前の道の雪かきを頼んだら、お向かいのお宅との間の道のちょうど真ん中の線まで、きれいに雪かきがされていた。お向かいが高齢の一人暮らしのおばあちゃんであることは、長男も知っているはずなのに、なぜ気を利かせて、お向かいの家の前まで雪かきをしてあげないんだと叱ったところ、長男は、そういう余計なことをするのがいろいろないさかいのもとになるんだから、あえて雪かきはしていないんだと言う。そして、それを聞いた父親は自らの子育てを間違ったと反省するのである。

さて、この長男と父親は、どちらが正しいのだろうか。昭和時代から平成時代に入るころまでの子育て観を象徴するキーワードとして、「他人に迷惑をかけない人間」というのがあったような気がする。「迷惑をかけない」の中身もいろいろあると想像できるが、確かに他人に危害を加えたり、他人が嫌がることを仕掛けたりするのは言語道断としても、「迷惑をかけない」ために、他人と接触しない、他人と関わらないなど、拡大解釈をしてしまうこともしばしば起きているようだ。

箒の先一つぶんの慮り

このことが端的に表れる空間が、エレベーターのかごの中だ。日本人は他人と一緒にエレベーターに乗り合わせたら、お互いに死んだふりをしてしまうことが多い。息すらも止めてしまいそうな勢いで、お互いに気配を消し合っている。逆に、外国人の多くは声掛けをしておかないと落ち着かない。相手がいい人なのか悪い人なのかの区別がつかないからだろう。

この「迷惑をかけない慮《おもんぱか》りの対象」としての他者を意識したときに、「関わり合いを避ける」気分が出てくるのだろう。それが、先の『定年ゴジラ』のエリート都庁職員の気分なのだろう。

この気分が住まいの近傍で蔓延してしまうと、どういうことになるのだろうか。先だって、ある分譲マンションの管理規約に「マンション内では挨拶禁止」というルールを定めたところがあって話題となったが、子どもには「知らない人に声をかけられても無視するのよ」と指導している親からすれば、やたらと近隣から声をかけてもらうのは迷惑だということになる。それならばいっそのこと、その親の教育方針を慮って、挨拶禁止で行こうじゃないか、というのがその経緯らしい。

コミュニティ必要曲線的には、町の中には、近隣に頼る傾向の強い年代の人もいれば、そうでない人もいるわけなので、近所に頼らない決意だけで大丈夫かという気もしなくはないが、我々の先人たちの中には、すでにこうした町での生活に関して参考になる文化をつくり上げている人びともいるようである。

東京藝術大学名誉教授である前野堯《まさる》さんから、いわゆる「谷根千」(台東区と文京区にまたがる谷中・根津・千駄木エリアの総称)地域には、昔から、家の前の道の掃除をする際のルールとして、「箒《ほうき》の先一つぶん、余分にお隣さんのところまで掃いてあげる」という暗黙のルールがあるのだということを伺ったことがある。どうやらこうしたルールは、京都にもあるらしい。ひょっとすると、少し前の日本の至るところでこうした「箒の先一つぶんの慮り」の文化があったのかもしれない。このルールのよいところは、町内会の一斉清掃のように、みんなが同じ時間に出そろう必要がないという点にある。好きな時間に家の前の掃除をしてよいが、「箒の先一つぶん」つまり、三〇センチそこそこ余分にお隣さんたちの領域を掃いてあげるという、誰にでもできるささやかな心配りが味噌なのである。こうすれば、挨拶したくないときに面と向かって挨拶することは避けられるし、慮っていることは周知されるのである。

家の周りの掃除というのは、じつはどこまで掃いていいのかが難しい。5−11は、福島県にある諏訪野団地という、良好なまちなみのデザインで有名な戸建て住宅団地で撮られた写真である。少女が家の前らしき道を掃除している。この団地は、戸建て住宅団地設計の名手、宮脇檀さんの設計によるもので、コモンと呼ばれる数軒単位の戸建て住宅に取り囲まれた共用の庭をもっている。もちろん住宅が建っている敷地は個人所有なのだが、家の前のコモンの土地と、それに続く道は行政の所有となっている。しかし、このコモンに置かれている石や土、そこに植えられている樹木は、この団地居住者でつくっている管理組合の所有だ。つまり、この団地には、個人で管理している樹木と、管理組合や行政が管理している

5−11　コモンの庭を掃く少女

樹木がある。母親に「家の前の落ち葉を掃いといてね」とお願いされた少女だが、どこからどこまでが自分の家の木から落ちてきたものか、管理組合や行政が管理している樹木から落ちてきたものか、知る由もない。こんな感じで少女は、ついつい、いつの間にやら家の前の公道あたりまでお掃除しているというわけなのだ。

こんなふうに、所有権、管理権の範囲をことさら明確にせずとも、一続きの空間をシームレスにつなぐことによって「箒の先一つぶんの慮り」が、ごく自然とにじみ出るような環境づくりが大事だといえる。

自然と部屋から引き出されてしまう高齢者の住まい

第四章で述べた、岩手県釜石市と遠野市に建設された「コミュニティケア型仮設住宅」を見た陸前高田市で特養などを経営する社会福祉法人「高寿会」から、津波被害に遭った高齢者のための施設を山の上に建てたいので相談に乗ってほしいとの申し出があった。行政主導の復興計画をまつ間に、自力で高齢被災者たちの安心の住まいを建設したいというのが、高寿会の思いであった。

そこで最初に、さまざまな可能性を模索しようと、東大工学系の建築・都市工学・社会基盤の三分野の連携でつくった「復興デザイン研究体」という研究組織体を中心に、大学院生向けの演習課題として、この敷地に高齢被災者たちのための復興拠点はどのように形成できるのかというアイデア出しを行った。

高齢者用の住宅のみならず、高齢者の家族のための交流施設、地域交流施設、施設で働くスタッフのための子育て施設、震災メモリアルパークなどなど、いろいろなアイデアが出された。そしてまずは、第一期の計画として、二〇戸のサ高住を建設することとなった。「ひだまりの丘」と名付けられたこの南斜面の敷地に、第一期として「ほっこり家《や》」と命名されたこのサ高住を建設したのち、地域交流施設や子育て施設を順次建設するという予定だ。

5-12は、ほっこり家の図面であるが、木造平屋建ての集合住宅となっている。これが一般の集合住宅と大きく異なっている点は、廊下が北側ではなく、南側に通っている点である。通常の集合住宅の廊下が北側を通っている理由は、各住戸のリビングルームとそこに面したベランダが南側を向くように設計されているからである。こうした住宅形式は、戦後普及したものだ。確かに、ベランダの洗濯物はよく乾くし、リビングルームに陽がさんさんと降り注ぐのは気持ちいいに違いない。だが逆に、北側の玄関とそこに面する片廊下はいつも暗い空間となっていて、決して快適な空間とは言い難い。つまり、北側廊下の空間構成では、住戸のリビング

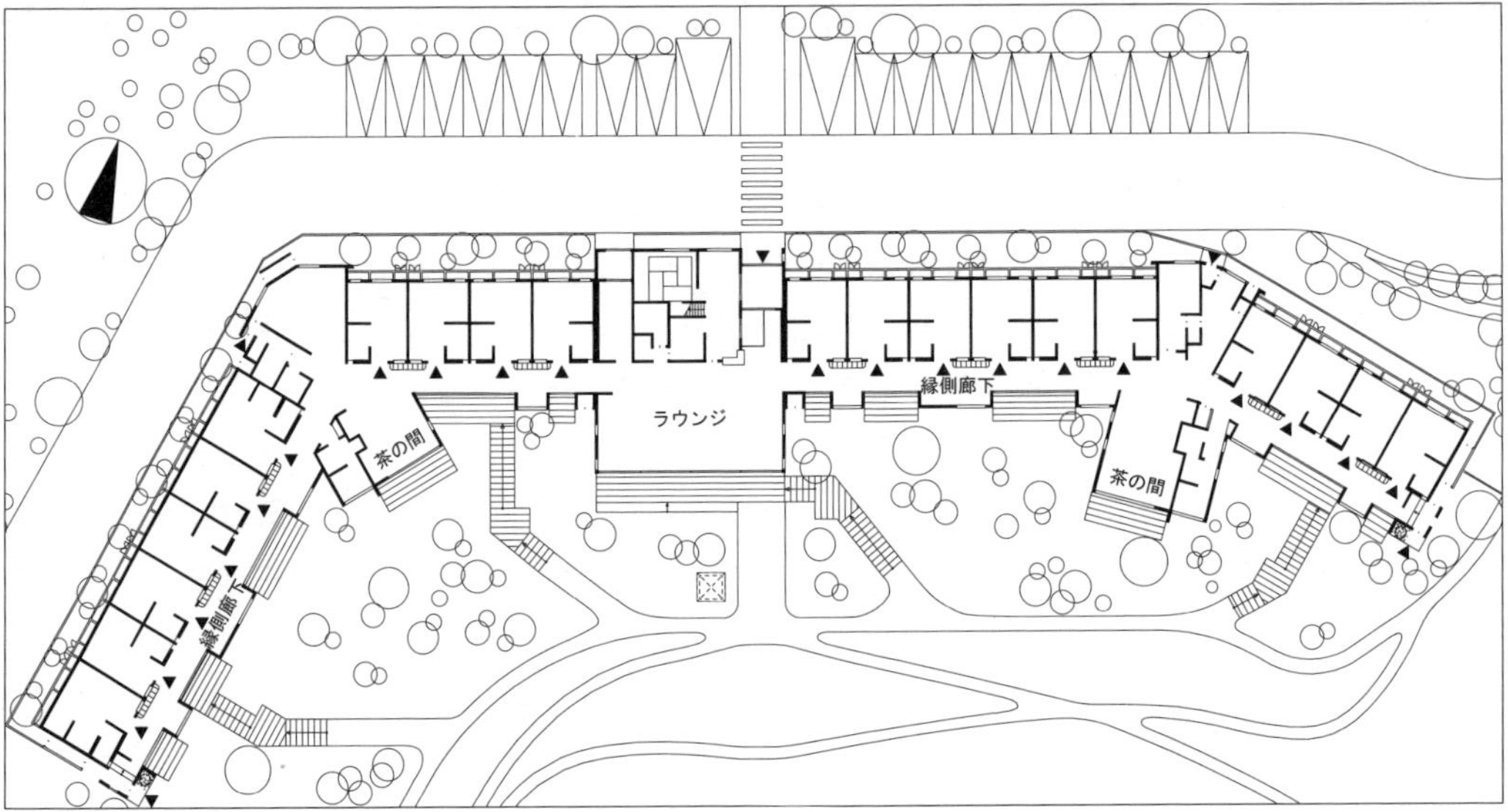

5-12　陸前高田市のサービス付き高齢者向け住宅「ほっこり家」

が一番気持ちいい空間となるので、居住者が住戸内に閉じこもることが想定されるのである。

ほっこり家ではこれを逆転させた。もちろん、各住戸の環境は天井窓から差し込む直射日光と、目いっぱい開かれた北側の窓によって担保されている。そして、南側の廊下のところどころに、一人で、二人で、数人で腰かけられるくぼみのような「居場所」がつくられている。一〇戸に一戸はみんなでお茶や食事ができる茶の間が、東西ウィングにそれぞれ一か所ずつつくられ、二〇戸で集まるときには、真ん中のラウンジを使い、ここでいろいろな行事もできる。ラウンジの前の庭には、学生と一緒にピザ釜をつくる予定だ。

また、廊下の半分くらいの部分には濡れ縁がつくられており、ここで洗濯物を干せるし、濡れ縁のへりに座って庭を眺めることもできる。濡れ縁の一部は車いすで出られるようになっており、そのままゆるいスロープをたどって庭にも行けるようになっている。

この庭には、この山の斜面から採取したもともとの表土を敷いている。これをシードバンク（植物の種の貯蔵庫）という。この敷地の南斜面は杉林であったが、戦後に杉が植樹される前は広葉樹の山であった。だから、杉の木を伐採したあとには、萩、つつじ、藤、桜、栗、ほおのき、いろは紅葉といった、もともとこの南斜面の地山に生えていた、ここの風土に適した種類の植物が、たくさん芽吹きはじめていたのである。シードバンクとなる山の表土を取り置いて、ほっこり家の南側の庭に丁寧に敷くことによって、これらの広葉樹が芽吹き、成長していく姿をじっくりと観察できるというアイデアは、一緒に設計しているランドスケープ専門の稲田多喜夫さんが出してくれた。

さて、このような空間構成となっているほっこり家の最大のねらいは、福島県の諏訪野団地で、家の前の落ち葉を掃いていた少女が、いつの間にやらコモンや公道の落ち葉まで掃いていたというような、空間の自然なつながりの中で、プライベートからセミプライベート、そこからセミパブリック、パブリックへと連なる空間のグラデーションに応じて、ここに住む人が、一人で、二人で、数人で、あるいはみんなで、その時々の状況に応じた「居場所」を、「いつの間にやら」見つけることができることである。もちろん、一人でいたいときもあろう。そういうときは、家の中に閉じこもっていればいい。

家の中にいるよりも、むしろ、積極的に縁側に出て、必要に応じて居場所を形成し、必要に応じて隣人と付き合うことができる、その多様な選択性のグラデーションが必要だと思っている。さらに建物の形を、広く手を広げて南側の庭を抱きかかえるような形にしているのは、近くから、遠くから、ゆるやかに居住者の行動を見守ることができるような配慮からである。

住まいを多様な居場所でつなぎ、町を入り会いにしていく

日本には、「入り会い《コモンズ》」という空間領域が古くからある。農山漁村で共同利用可能な土地やエリアで、個人の所有ではなく、共有だったり、誰のものでもなかったりする領域を指す。そこでは誰かがその利用を独り占めにすることは許されないが、入り会いのメンバーであれば、一定のルールを守る限りその利用を認められる。こうした空間領域は日本だけではなく世界各地にあり、英語では「コモンズ」と呼ばれる。これは、最大瞬間風速的利益追求などによって、共通の資源が一挙に枯渇しないための、「箒の先一つぶんの慮り」をみんなでし合うことによって成り立つ、地域の持続力を担保するための人類共通の知恵でもあった。

本書で述べている、目指すべき町の一つの姿は、この入り会いに似ている。私の好きなイヴァン・イリイチの『生きる思想』の一節をここでひいてみよう。

一本のカシの木もコモンズのひとつでした。その緑陰は、夏には、羊飼いとその羊の群れのためのものでしたし、どんぐりは、近隣の農民の豚のためのものでした。また、その乾いた枝は村の寡婦のためのたきぎになり、春に芽生える若枝は切り取られて教会の飾りになりました。さらに、日が落ちると、そこは、村の寄合いのための場所にもなったかも

しれません。

イリイチがコモンズのたとえに用いたカシの木は、そのまま本書で目指している町にも共通するのではないだろうか。いろいろな立場の人の助けになることができ、いろいろな人の居場所にもなりうる。そんな町の居場所づくりの目標を、今ここで確認しておきたくて、イリイチを引用してみた。

このような、入り会いのような町は、一朝一夕にできることはない。時間をかけてつくっていくしかないようだ。しかし、時間をかけてほうっておいたからといって、町はみんなにとっての入り会いとはならないだろう。そこには、「計画」が必要である。時間をかけて町が成熟していくビジョンが、見据えられていなければならない。ここで再び、これもまた私が学生のころから好きだった柳田國男の『豆の葉と太陽』という本の「武蔵野雑談」の一節をひいてみよう。

日向の那須山では藤橋を掛けるのに、橋戸の四隅に大木の杉を見立て、最も長い藤蔓をその幹に縛りつけて釣るのであるが、その杉はどう見ても八九十年の物で、まだ大丈夫であるのにもかかわらず、その傍にははや十年も前に仕付けたかと思う素性の善い杉の若木が四隅に各一本ずつ栽えてあった。この木の役に立つ頃には、現在の村民はあるいは全部新陳代謝しているかも知れぬと思ったら、村の生活の悠久なことが深く身に沁みて感ぜられた。

宮崎県の山奥の吊り橋を支える四本の杉の大木の脇に植えられた杉の若木に、柳田は、村人の時間をかけた持続性に対する深い配慮を見てとったのである。我々の町にも、このような深い洞察に根ざした、時間をかけて町を入り会いのように育てていくための深い配慮と実践への第一歩が必要なのであろう。

あとがき

私の専門は建築計画学である。世界の建築学の中で、これに特化して研究している人は少ない。戦中戦後の日本で、住宅をはじめとして、学校、病院、事務所、図書館、博物館など、社会にとって必要な諸建築物が決定的に不足していた時代に、独自に発展をとげた学問領域である。全国でそれらを一斉に設計する際には、それぞれの建築種別(これをビルディング・タイプという)特有の、設計上留意しなければならない要件をあぶり出し、基準やガイドラインや本などにして、社会で共有してもらうための学問として、特に二〇世紀後半の時代に重宝されてきた。

建築計画学の手法としては、「使われ方調査」や「住み方調査」などがたくさん行われてきた。いったん供給された建築物が実際に使われている現場におもむき、観察調査やインタビュー調査、アンケート調査などを通して、その建物や空間が、果たして設計意図どおりに使われているのかどうかを評価する。そして、設計意図どおりに使われていなければ、原因を探り、その原因が建築にあるのなら、そのビルディング・タイプの設計手法を見直す。

また、想定外の使われ方が観察された場合は、ひょっとすると未来の生活と空間のありようを指し示す可能性があるものならば、その使われ方がどのように成り立っているのかを解明し、未来社会に投げかける。つまり、「外れ値」のデータの中にも、未来的な価値を見いだすような、そんな性向をもつ学問である。

二〇世紀後半は各種の建物が圧倒的に不足していた時代だったので、これらをどんどん建て、どんどん設計しなければならなかった。このため設計の現場からは常に新しいアイデアの検証が求められ、建物が建ったらすぐに調査せねばならず、そのあわただしい循環の中で、設計へのフィードバックがなされてきた。こうした中で見失われてきたのが、「時間」への着目である。短期間のフィードバックでは見えてこない、長期のフィードバックの観点がなかったのである。

例えば、3LDKの住宅が供給されてすぐに調査に行くと、たいていは「三五歳と生まれて」の住生活からデータを得ることになる。しかし、同じ住宅を二五年後に調べに行くと、それは、六〇歳の住生活からデータを得ることになる。すぐ調査に行くべきか、長期経過したあとに調査すべきか。答えは、どちらも正しい。三五歳から得られるデータは、設計意図との照合、検証、そして設計へのフィードバックという意味で価値をもつだろう。一方、六〇歳からは、二五年間の生活と空間のやりとりの経験の蓄積がデータに加えられ、建物が長期にわたって生活とどのような影響を及ぼし合っているのかを計測できる。

ただ残念ながら、あくまでも「三五歳と生まれたて」にのみ焦点を当てて設計している人びとには、二五年のフィードバック・サイクルでは遅いようで、むしろ、「今の奥さんたちは何風が好みか?」「どんな設備が今売れるのか?」などといったほうが、死活問題らしい。

だから、私のように古い住宅ばかり調べていると、「何の役に立つの?」という、グサッとくる質問によく遭遇する。「大月さんの話は面白いけど、役には立たないからな」という感想が多い。こうしたときには、「学問というのは成果が出るまで時間のかかるものであるから、長期で見守ってやってください」と言うしかなかった。

しかし、日本が建築物すらも余っていく少子高齢縮小社会に突入していることが切実に感じられ、これまでのように次々と新たにつくっていくような時代ではすでになくなってきた。むしろ、どうやって施設を減らし、町をコンパクトにしようかという時代であり、二〇世紀中に築き上げた住宅地の存続すらも危ぶまれるようになってきた。

そこでようやく、建築物を、住宅団地を、町を、長期に維持するための要件とは何かが、はじめて真剣に問われるようになってきて、私のような「住みこなし研究」が、ただの趣味的研究から、少しは役に立つ研究のように見えはじめたのだろう。

こんなわけで、とうとう岩波新書からもお声掛けがあったのが昨年、二〇一六年。私がこれまであちこちで話したり書いたりしていることをまとめてほしいという依頼が来た。ただ、その場の雰囲気に合わせてしゃべってきた一つ一つの調査結果やエピソードを一つの筋書きの中に収めていくのは容易ではなかった。この一年間、ほぼ目次構成をどうするかに費やすことになった。

こうして何とか軸を見いだせたのが、「時間」「家族」「引越し」「居場所」という、四つの観点から、住まいから町までの住みこなしの現象をひも解き、さらに最終章で、それらの観点を踏まえた形で、個人レベルから町レベル、地域行政レベルまでも関与できる、町のつくり変えのための実践のヒントを示す、という構成であった。

本書で取り扱っている現象はいずれも、文字どおり「一筋縄ではいかない」ものばかりであり、極めて総合的なものである。一つの住みこなしの現象の中に、「時間」「家族」「引越し」「居場所」の要素が、必ず織り込まれている。まさにトートロジーの世界である。この総合的ゆえに複雑に見えるテーマを、半ば強引に、えいやっと、このような筋書きに落とし込めたのは、まさに「時間」のなせる業であった。つまり、締め切りのことである。今年に入っても、グダグダと論立てを説明している私に、締め切りを設定してくれ、遅筆な私に決断を迫ってくれた編集者の上田麻里さんなかりせば、到底この本は日の目を見なかっただろう。記して感謝を申し上げる。

さらに、本書で紹介した具体事例のほとんどは、横浜国立大学、東京理科大学、東京大学で、これまで一緒に研究してくれた大月研究室卒業生の方々の努力の産物から引用している。その一端は、巻末の文献一覧に載ってはいるが、ここではそこに載らなかった、事例関連の調査などでお世話になった、さまざまな方々に感謝の意を述べつつ、筆をおくことにしたい。

二〇一七年六月

大月敏雄

主要引用・参考文献一覧

＊文献で原著のあるものについては，繁雑を避けるため，現時点で手に入りやすいと思われるものを記している．なお，読みやすさを考慮し副題を省略しているものもある．

はじめに

1. 大月敏雄「同潤会猿江アパートの住みこなされ方に関する研究」東京大学工学部建築学科卒業論文，1991 年
2. 大月敏雄・高橋鷹志・菊地成朋「同潤会猿江アパートの住みこなされ方に関する研究」日本建築学会編『学術講演梗概集』日本建築学会，1991 年
3. ジェイン・ジェイコブズ『新版 アメリカ大都市の死と生』山形浩生訳，鹿島出版会，2010 年
4. クリストファー・アレグザンダー『形の合成に関するノート／都市はツリーではない』稲葉武司・押野見邦英訳，SD 選書，2013 年

第 1 章

5. 住田昌二・延藤安弘・三宅醇・小泉重信・西村一朗『新建築学大系 14 ハウジング』彰国社，1985 年
6. 松原岩五郎『最暗黒の東京』岩波書店，1988 年
7. 横山源之助『日本の下層社会』岩波書店，1985 年
8. 建設省住宅局編『公営公庫公団住宅総覧 1957』住宅総覧刊行会，1957 年
9. 三浦展・大月敏雄・志岐祐一・松本真澄『奇跡の団地 阿佐ヶ谷住宅』王国社，2010 年
10. クラレンス・ペリー『近隣住区論』倉田和四生訳，鹿島出版会，1975 年
11. 大月敏雄『住まいと町とコミュニティ』王国社，2017 年
12. 向坂正男・沢田光英『住宅産業論』経済評論社，1971 年

13. 大月敏雄『集合住宅の時間』写真・齋部功，王国社，2006年
14. 大月敏雄・深見かほり『首都圏における民間大規模戸建て住宅団地の開発実態分析と今後の土地再利用方策の検討』一般財団法人土地総合研究所，2005年
15. 木下龍二・大月敏雄・深見かほり「東京23区にみるワンルームマンション問題と対応施策の変遷に関する研究」『日本建築学会計画系論文集』日本建築学会，2008年2月
16. 近藤一希「ワンルームマンション問題に対する行政と住民の問題意識の乖離について」東京大学工学部建築学科卒業論文，2009年

第2章

17. ピーター・タウンセンド『老人の家族生活』服部広子・一番ケ瀬康子訳，家政教育社，1974年
18. 大月敏雄「集合住宅における住環境形成過程に関する実証的研究——同潤会柳島アパートの例を通して」東京大学大学院工学系研究科建築学専攻修士論文，1993年
19. 大月敏雄「住戸ユニットの経年変化に関する研究——同潤会代官山アパートの住みこなし—その1」『日本建築学会計画系論文集』日本建築学会，1999年8月
20. 安武敦子・大月敏雄・深見かほり「農村部の長屋門の成立過程と利用の変遷に関する研究」『日本建築学会計画系論文集』日本建築学会，2017年6月
21. 郭喜碩・大原一興・小滝一正・大月敏雄「分家を慣習とする村落における親子二世帯の住まい方に関する研究」『日本建築学会計画系論文集』日本建築学会，2001年3月
22. 有吉佐和子『恍惚の人』新潮文庫，1982年
23. 大月敏雄・住総研編著『近居——少子高齢社会の住まい・地域再生にどう活かすか』学芸出版社，2014年
24. 深井祐紘「高度経済成長期以降に開発された住宅団地における近居の発生に関する研究」東京大学大学院工学系研究科建築

学専攻博士論文，2016 年

第 3 章
25. 橋本文隆・内田青蔵・大月敏雄編著『消えゆく同潤会アパートメント』写真・兼平雄樹，河出書房新社，2003 年
26. 橋本文隆「わが住まいし同潤会江戸川アパート」住宅総合研究財団機関誌『すまいろん』編集委員会編『私のすまいろん』建築資料研究社，2004 年

第 4 章
27. 仮設市街地研究会『提言！ 仮設市街地——大地震に備えて』学芸出版社，2008 年
28. 金明鎬「集合住宅団地に暮らす個々の高齢者の居場所の多様性と成立要件に関する研究」東京大学大学院工学系研究科建築学専攻博士論文，2013 年

第 5 章
29. 重松清『定年ゴジラ』講談社，1998 年
30. イバン・イリイチ『新版 生きる思想』桜井直文訳，藤原書店，1999 年
31. 柳田國男「豆の葉と太陽」『柳田國男全集 2』筑摩書房，1989 年

図出典一覧

はじめに

・増築によって隣り合う2つの住戸をつないだ例(出典：文献2，作図：今枝秀二郎〔上の図〕，菊地成朋〔下の図〕)

・アパート内に「離れ」をもつ例(出典：文献2，作図：今枝秀二郎〔上の図〕，菊地成朋〔下の図〕)

第1章

1–1．横山源之助『日本之下層社会』の挿図(出典：文献7)

1–2．最初の同潤会アパート，中之郷アパート(出典：内務省社会局『大正震災志写真帖』内務省社会局，1926年)

1–3．バス住宅(出典：建設省住宅局『住宅年鑑1951(1945–1950)』彰国社，1951年)

1–4．『週刊朝日』特集「新しき庶民〝ダンチ族〟」中表紙(出典：『週刊朝日』朝日新聞社，1958年7月20日)

1–5．香里団地(出典：住宅年鑑編集委員会編『住宅年鑑64』日本住宅協会，1964年)

1–6．昭和30年代の住宅地造成(出典：住宅年鑑編集委員会編『住宅年鑑64』日本住宅協会，1964年)

1–7．初期のプレハブ住宅(出典：住宅年鑑編集委員会編『住宅年鑑64』日本住宅協会，1964年)

1–8．現代住宅双六(1973年)(出典：「貧しき日本のすまい」『朝日新聞』1973年1月3日)

1–9．新・住宅双六(2007年)(出典：「住宅すごろく「上がり」は6つに」『日本経済新聞』2007年2月25日)

1–10．団地の人口構成の変遷(作図：前田茂実)

1–11．戸建て持ち家の人口構成の変遷(作図：前田茂実)

1–12．分譲マンションの人口構成の変遷(作図：前田茂実)

1–13．賃貸アパートの人口構成の変遷(作図：前田茂実)

1–14．収入曲線イメージの日米比較(作図：前田茂実)

1-15. 機能が多様化した住宅地の例(出典：西尾直樹・南勇作「茨城県の民間大規模戸建住宅団地における土地利用と居住者属性に関する考察」東京理科大学工学部建築学科卒業論文 2004年，作図：前田茂実)

第2章

2-1. 同潤会柳島アパートの例(出典：文献18，作図：今枝秀二郎)

2-2. 代官山アパート内での近居(出典：文献19，作図：今枝秀二郎)

2-3. ある団地の住みこなし(出典：深見かほり「茨城県美野里町の大規模住宅団地の居住実態と住環境の運営に関する研究」東京理科大学工学部建築学科修士論文 2002年，作図：前田茂実)

2-4. 幕末の久留米藩邸の長屋門(出典：『F. ベアト幕末日本写真集』横浜開港資料館 1987年)

2-5. 長屋門のある屋敷の変遷(出典：文献20，作図：今枝秀二郎)

2-6. アンゴリ，バッコリの事例(出典：文献21，作図：今枝秀二郎)

2-7. 3団地での近居の実態(出典：文献24，作図：前田茂実)

2-8. 近居をしたまま住み替える(作図：前田茂実)

2-9. 東北のあるニュータウンの全体像(撮影：大月敏雄)

2-10. ニュータウンの空き家はどのように埋まるのか(中島孝裕「地方都市ニュータウンにおける過去30年の不動産取引情報分析を通した人口減少・高齢化への対応に関する研究」東京大学大学院工学系研究科建築学専攻修士論文，2011年，作図：前田茂実)

第3章

3-1. 異なる住宅種別間を人びとは引越す(撮影：大月敏雄)

3-2. 江戸川アパート内での住み替え(出典：石堂大祐「同潤会江戸川アパートメントにおける住戸ユニットの所有・利用関係の

変遷に関する研究」東京理科大学工学部建築学科修士論文, 2007 年, 作図：今枝秀二郎)
3–3. 地域循環居住を支える町の住宅種別の多様性(作図：前田茂実)

些細

3–4. 団地内での住み替え(出典：文献 24, 作図：今枝秀二郎)
3–5. 団地内での近居(出典：文献 24, 作図：今枝秀二郎)

第 4 章

4–1a. テント村(撮影：大月敏雄)
4–1b. 埋め立て地の仮設住宅(撮影：大月敏雄)
4–1c. 西神ニュータウンの仮設住宅群(撮影：大月敏雄)
4–2. 釜石市平田第六仮設住宅(作図：今枝秀二郎)
4–3. サポートセンターから利用者を車いすで仮設住宅へ連れていく(撮影：大月敏雄)
4–4. 遠野市「希望の郷「絆」」(作図：今枝秀二郎)
4–5.「希望の郷「絆」」のケアゾーンと子育てゾーン(撮影：大月敏雄)
4–6. 平田第六仮設住宅での屋外行動観察結果(休日)(出典：齊藤慶伸「コミュニティケア型仮設住宅における顔見知りの広がりに関する研究」東京大学大学院工学系研究科建築学専攻修士論文, 2014 年, 作図：今枝秀二郎)
4–7. 平田第六仮設住宅での「お茶っこ」の取材(撮影：大月敏雄)
4–8. 家族資源・地域資源・制度資源(作図：前田茂実)
4–9. コミュニティ必要曲線(上)と町全体のコミュニティ必要曲線を重ね合わせたホワイトノイズ状態(下)(作図：前田茂実)
4–10. 仮設住宅に設置されたコインランドリー(撮影：大月敏雄)
4–11. 家の前の段差が高齢者の居場所(撮影：大月敏雄)
4–12. 復興住宅の提案(じょういのある家)(作図：今枝秀二郎)

第 5 章
5-1. 地域包括ケアシステムの概念(厚生労働省資料をもとに作図：前田茂実)
5-2. ユーカリが丘ニュータウンの人口構成の変遷(出典：田島有希「ユーカリが丘ニュータウンの人口動態に関する考察」東京理科大学工学部建築学科卒業論文 2007 年，作図：前田茂実)
5-3. ユーカリが丘ニュータウンの景観(撮影：大月敏雄)
5-4. 供給住宅種別による団地の将来人口推計(出典：李鎔根「住宅地における地域年齢構造の推計と制御に関する研究」東京大学大学院工学系研究科建築学専攻博士論文，2013 年，作図：今枝秀二郎)
5-5. 九段下ビルの各階平面(出典：建築学会『東京横浜復興建築図集』丸善，1931 年，作図：今枝秀二郎)
5-6. 九段下ビル竣工時の外観(出典：建築学会『東京横浜復興建築図集』丸善，1931 年)
5-7. 韓国の多世帯住宅(撮影：朴晟源)
5-8. もと雇用促進住宅，フィオーレ・ガーデン(出典：フィオーレ喜連川パンフレット)
5-9. 既存集落のたたずまいに溶け込んだ災害公営住宅(谷瀬地区)(撮影：大月敏雄)
5-10. 特養(左)と災害公営住宅(右奥)に囲まれた「高森のいえ」(高森地区)(撮影：大月敏雄)
5-11. コモンの庭を掃く少女(出典：諏訪野団地資料)
5-12. 陸前高田市のサービス付き高齢者向け住宅「ほっこり家」(作図：齋藤隆太郎)

大月敏雄

1967年福岡県生まれ.
東京大学大学院工学系研究科建築学専攻教授.
東京大学工学部建築学科卒業, 同大学大学院博士課程単位取得退学. 博士(工学). 横浜国立大学工学部建設学科助手, 東京理科大学工学部建築学科准教授を経て現職.
専門は, 建築計画, 住宅地計画, ハウジング, 住宅政策.
著書—『近居——少子高齢社会の住まい・地域再生にどう活かすか』(編著, 学芸出版社), 『集合住宅の時間』(王国社), 『復興まちづくり実践ハンドブック』(分担執筆, ぎょうせい), 『住まいと町とコミュニティ』(王国社)など.

町を住みこなす
——超高齢社会の居場所づくり　　岩波新書(新赤版)1671

2017年7月28日　第1刷発行

著　者　大月敏雄《おおつきとしお》

発行者　岡本　厚

発行所　株式会社 岩波書店
〒101-8002 東京都千代田区一ツ橋 2-5-5
案内 03-5210-4000　営業部 03-5210-4111
http://www.iwanami.co.jp/

新書編集部 03-5210-4054
http://www.iwanamishinsho.com/

印刷・理想社　カバー・半七印刷　製本・中永製本

ISBN 978-4-00-431671-8　　Printed in Japan

岩波新書新赤版一〇〇〇点に際して

ひとつの時代が終わったと言われて久しい。だが、その先にいかなる時代を展望するのか、私たちはその輪郭すら描きえていない。二〇世紀から持ち越した課題の多くは、未だ解決の緒を見つけることのできないままであり、二一世紀が新たに招きよせた問題も少なくない。グローバル資本主義の浸透、憎悪の連鎖、暴力の応酬――世界は混沌として深い不安の只中にある。

現代社会においては変化が常態となり、速さと新しさに絶対的な価値が与えられた。消費社会の深化と情報技術の革命は、種々の境界を無くし、人々の生活やコミュニケーションの様式を根底から変容させてきた。ライフスタイルは多様化し、一面では個人の生き方をそれぞれが選びとる時代が始まっている。同時に、新たな格差が生まれ、様々な次元での亀裂や分断が深まっている。社会や歴史に対する意識が揺らぎ、普遍的な理念に対する根本的な懐疑や、現実を変えることへの無力感がひそかに根を張りつつある。そして生きることに誰もが困難を覚える時代が到来している。

しかし、日常生活のそれぞれの場で、自由と民主主義を獲得し実践することを通じて、私たち自身がそうした閉塞を乗り超え、希望の時代の幕開けを告げてゆくことは不可能ではあるまい。そのために、いま求められていること――それは、個と個の間で開かれた対話を積み重ねながら、人間らしく生きることの条件について一人ひとりが粘り強く思考することではないか。その営みの糧となるものが、教養に外ならないと私たちは考える。歴史とは何か、よく生きるとはいかなることか、世界そして人間はどこへ向かうべきなのか――こうした根源的な問いとの格闘が、文化と知の厚みを作り出し、個人と社会を支える基盤としての教養となった。まさにそのような教養への道案内こそ、岩波新書が創刊以来、追求してきたことである。

岩波新書は、日中戦争下の一九三八年一一月に赤版として創刊された。創刊の辞は、道義の精神に則らない日本の行動を憂慮し、批判的精神と良心的行動の欠如を戒めつつ、現代人の現代的教養を刊行の目的とする、と謳っている。以後、青版、黄版、新赤版と装いを改めながら、合計二五〇〇点余りを世に問うてきた。そして、いままた新赤版が一〇〇〇点を迎えたのを機に、人間の理性と良心への信頼を再確認し、それに裏打ちされた文化を培っていく決意を込めて、新しい装丁のもとに再出発したいと思う。一冊一冊から吹き出す新風が一人でも多くの読者の許に届くこと、そして希望ある時代への想像力を豊かにかき立てることを切に願う。

（二〇〇六年四月）